楽に生きる

大來尚順●著
OGI,Shojun

はじめに

昨今、「人生100年時代」という言葉を聞くようになりました。そして、それに伴い「健康寿命」の重要性も言われるようになりました。

これは、日常生活を制限されることなく、心身ともに健康的に生活できる期間のことを言います。

今日ではこの「健康寿命」に必要な体力づくりを目的とする研修・講演・セミナーがさまざまな場所で開催されるようになりました。

しかし、「健康寿命」に必要なのは体力だけではありません。世界保健機関（WHO）が提言するように、健康とは「病気でないとか、弱っていないということではなく、肉体的にも、精神的にも、そして社会的にも、すべてが満たされた状態」

を言います。

つまり、健康には「心の健康」も不可欠なのです。

本書では、特に「心の健康」に焦点を当て、これからの「人生を楽に生きる」ための「心持ち」を紹介します。

誰しも自分の胸のうちに秘めた他人には相談できない不安、悩みがあると思います。たとえば、「他人の目が気になる」「何でも悲観的になってしまう」「人の意見が聞けない」「やる気が起こらない」「人生の目的がわからない」など、抱える闇は十人十色でしょう。

これらを一つひとつ取り上げながら、2500年以上の時を経てもなお、今日の私たちに届くお釈迦さまの叡智《えいち》から、今後をより気持ちよく過ごしていくための受け止め方を考えます。

この本で紹介されている事例の中には、きっとあなたにも思い当たる不安や悩みがあるはずです。

私は僧侶ですが、仏教徒になってくださいとは言いません。本書をお読みいただいた中から、「いいな」と思う仏教の教え方があれば、ぜひともそれを生活に取り入れてみてください。

そして、それを糧として「心の健康」を養っていただければ幸いです。

本書が、あなたのこれからの人生を「楽に生きる」ための心の処方となることを願っております。

大來尚順

第1章

気持ちが後ろ向きになってしまったとき

第2章

自分がどうすべきかわからなくなったとき

第３章

漠然と不安を感じるようになったとき

第4章

自分の中に「迷い」が生じたとき

第1章

気持ちが後ろ向きになってしまったとき

何かと悲観してしまっても、もっと自分に自信をもっていい

何でも悲観的になってしまう

テレビで流れているさまざまな番組、ラジオから聞こえてくるニュース、日常において目に入ってくる光景や直面する場面など、どこで何を見ても聞いても、どことなく暗く寂しい感覚としてとらえてしまうことはないでしょうか。

どれだけ周囲が楽しそうにしていても、それの何が面白いのかわからない。騒がれていることは自分には関係ないと思い、どんなニュースにも場面にも、先行きに望みはないと考えてしまう。

ある意味、何に対しても冷めてしまっているという方は、少なくないのではないかと思います。

実は、私はこのような悩みをたまに聞くことがあります。そして、皆さんが口を揃えて心中を打ち明けられるのが、そんなつもりはなくても周囲からはスカしていると思われたり、暗い人のように誤解されてしまうということです。

その結果、孤独を感じたり、毎日が面白くないと思い悩んでしまう方もおられるようです。

このような方とお会いしたとき、私は複雑な心情を和らげてもらえるような考え方をお伝えしています。

物事を正しく冷静に受け止める心構え

まず前提として、悲観的になること自体は決して「悪いこと」ではないと受け止めることが大切です。

暗く寂しい考え方をすることで、周囲に迷惑をかけるわけでも、何か大きな問題が起きるわけでもありません。「悲観的になること」をすぐに否定的なイメージと結びつけないようにしてみてください。

私がこのように言うのには、理由があります。それは「悲観的になる」というのは「物事を正しく冷静に受け止めることのできる心構え」とも言い換えることができるからです。

たいていの場合、人は物事を自分の都合のいいように考え、判断したり憶測したりするものです。恥ずかしながら、私もその一人です。しかし、結果としては、そう思い通りにならないのが世の常ですよね。

例えば、物事を甘く見て楽観視したり、都合のいいように考え過ぎた結果、実際には思い通りにならず、余計に悲しい思いをしたり、落胆したりしてしまう。

実はこのような心情をもたらすのには、原因があることをご存知でしょうか。それは、物事に「満足できない心」にあるのです。

これを仏教では「苦」と呼びます。これは私たちが日常的に使っている意味とは少し異なり、「苦しい」と思ってしまう「原因」を意味します。

ちょっと考えていただきたいのですが、今日でも、昨日でも、一週間前でも、ずっと前でもかまいませんので、生活をしていて「苦しい」と思ったことを思い出してみてください。

誰しも一つ、二つはあると思います。

では次に、その理由を考えてみてください。きっと「苦しい」と思うことは幾度となくあったと思います。しかし、その原因を深く考える機会はそう多くはなかったのではないでしょうか。

百人の人間がいれば、百通りの「苦しみ」があります。千人いれば、千通りです。しかし、どんなにさまざまな「苦しみ」があったとしても、原因はたった一つであり、みんな同じです。

それは「不満足の心」です。これを仏教では「苦」と言うのです。そして、「不満足の心」が人間の「苦」を、大きくも小さくもしているのです。

では、この「不満足の心」という名の「苦」を和らげる方法は何かというと、「あまり物事に期待しない」ことになります。

楽観的と悲観的をおもちゃの「やじろべえ」で考えると、人はどうしても物事に対して期待を込めて楽観的な方向に傾いてしまうものではないでしょうか。だからこそ、物事に暗い考えを持つくらいが、バランスを整えるのにちょうどいいと思うのです。

この考え方は仏教の「中道《ちゅうどう》」の教えに通じています。これは、相互に対立する二つの極端な立場、もしくはどちらかに偏《かたよ》る物事のとらえ方から離れた状況のことを言います。

仏教の開祖であるお釈迦さまは、悟りを得られる前に瀕死状態になるまで苦行をされました。一日一粒の食事を続けたり、息を止めて河の中に顔を沈めて生活したり、その苦行は想像を絶するものだと言われています。

しかし体調を崩し、これでは修行しても何の意味もないと気付き、苦行主義と快楽主義のどちらにも偏ることなく「悟り」を体得されました。

これは、日常生活においても、またどのような状況に直面しようとも、偏らない判断のバランスを保っていくことの大切さを物語っています。

「何でも悲観的になってしまう」というのは、この「中道」のバランスを無意識にも調整しようとしていると考えてみてはいかがでしょうか。

つまり、「物事を正しく冷静に受け止めることのできる心構え」を、自身の中に構築していると考えるのです。

日頃、私はつい楽観的な物の考え方をしてしまったり、自分の都合ばかり考えてしまい、それが原因で周りの方と口論したり、嫌な気分になったり、失敗ばかりです。

だからこそ、できる限り「中道」の精神を心掛けているのが実状です。「何でも悲観的になる」ことで自然と「中道」のバランスを取れる方を、とても羨ましく思います。

実は心地よい生活

このバランスの保たれた物事のとらえ方は、穏やかな生活を営むための重要な役割を担っています。それは、「疲れ」を軽減してくれることです。

今後を楽に生活していくうえで大事になるのが、いかに「疲れ」を感じず、心地よい気持ちを保ち続けるかということだと思います。

そして、この「疲れ」の度合いを左右するのが「人の心の揺れ動き」なのです。

人の心は、状況に応じて喜怒哀楽の中で常に変容します。喜んでいたかと思えば、怒って暴言を吐いたり。悲しくて泣いていたと思ったら、笑っていたり。さまざまな感情に次から次へと飛び移っていくサイクルです。

これを猿が木から木へと飛び移っていく行動と思考にたとえ、心理学では「モンキーマインド」（心猿《しんえん》）とも言われているようです。

問題となるのは、感情だけの変化ならまだしも、感情には必ず行動が伴い、エネルギーを浪費してしまうことです。これが疲れにつながります。感情の振れ幅が大きいと、浪費するエネルギーも大きくなります。感情に振りまわされるほど、疲れることはありません。

しかし、「悲観的になる」ということは、「人の心の揺れ動き」を小さくし、物事のよし悪しによって、感情も行動も大きく左右されないということになると思います。

物事に対して余計に期待したり、不安を感じることもないので、感情に振り回されて疲れることも少なくなっているのではないでしょうか。

正直に言うと、私は仕事や人間関係など、日々のさまざまな出来事に動揺しては感情が左右され、一喜一憂するような疲れる生活をしています。

しかし、この過程を経て、いつか自然にバランスのとらえた物事の受け止め方ができるようになるのだろうと思っています。

暗く寂しいとらえ方をするようになったということは、もうその方はさまよっている過程を通り抜けられたということだと思うのです。

そして、無意識にも自分の生活を調整し、実は今後を楽に過ごせるように歩まれていると思うのです。こう考えてみることで、気持ちが少し落ち着いてくるのではないでしょうか。

今後は「悲観的になってしまう」ことに少しでも自信を持つように心掛けてみてください。そうすると、これからの生活も前向きに考えることができるようになるはずです。

自分が取り残されていると感じるときは、世の中への温度調整を自分でする

世の中が自分に冷たいと感じる

なんだか「周囲から相手にされていない」「冷たい目で見られている」と感じ、気を病んでしまうことはないでしょうか。自分だけが周りから置いてきぼりにされているような感覚におそわれ、世の中が自分に冷たいと思ってしまうことがあると思います。

言葉、習慣、文化、流行など、社会の急激な変化の流れになかなかついていけないということで、何か違和感を覚えたり、悔しい思いや辛い思いをしている方も少なくないのではないでしょうか。

私のお寺によくお参りされる方の中にも、「街に出ると何でも機械でよくわからない」「若いもんのことがよくわからない」「置いてきぼりにされている」など、今日の自分をとりまく社会状況に対して愚痴を溢《こぼ》す方がおられます。

しかしそういう方は、同時にどことなく寂しい表情をされます。

きっとこのように「自分が取り残された気分」になり、悲しみと孤独を感じてしまうのかもしれませんね。

すると、すべてが悲観的に見え、世の中が冷たく感じてしまうのも当然です。しかし、そんな状況であったとしても、この暗い気持ちを少しでも明るくする考え方があります。

世の中についていかない意志表示

「世の中が自分に冷たい」と感じる理由は人それぞれ異なると思いますが、共通して言えることは、世の中の流れについていけない自分の現実ですよね。

一般的には、人は数の多い方や勢いのある方向へ押し流されたり、自然と向いたりしてしまうものです。しかし、その流れに乗れない場合、独りぼっちになったように感じてしまうことでしょう。

その結果、「自分は悪くない」「周囲から蔑《ないがし》ろにされている」という自分を保護するような考え方がはたらき、悩みの種の矛先を周囲に向けてしまっていることはないでしょうか。人によっては、そんな世の中に敵対心を持ってしまうようなこともあるかもしれません。

たとえば、一度ある商品が注目されると、人はワッと群がります。それにより、あたかも群がらなければ悪いような風潮まで生まれますよね。こういう状況というのは本当に難しいものです。

群がることで一種の安心感は得られますが、内心は「これでいいのか」という疑問を抱いているのが本音ではないでしょうか。

実は、ここが大切な視点になります。発想の転換をすると、「世の中についていけない」ということは、この群がりに参加しないことを意味します。

これは、世の中の流れに「ついていけない」のではなく、実は自ら「ついていかない」と考えることができます。

つまり、「世の中が自分に冷たいと感じる」のは、自分から意図的に距離をとっているということです。

世の中の流れというものは、誰がどうやってつくったのかもよくわからない、得体の知れないものですよね。そのようなものに好きでもないのに、わざわざ無理して便乗する必要はないのではないでしょうか。

よく観察してみると、世の中の流れの中にあるもののほとんどは、自分にとって不必要なものや無関係のものではないですか？

ですから、無意識にこのことを察知し、自ら世の中の主流と言われるものから距離を取っていると考えられます。換言すれば、「世の中が自分に冷たい」のではなく、「自分が世の中に冷たくしている」のです。これは「自分は自分である」という「自律」した自覚の表れと言えます。

この「自律」は、自分の納得する生活をするうえで最も大切なものです。

ちなみに仏教では、まさにこのことを説きます。お釈迦さまも「自己こそ自分の主である」という言葉を残されています。

実際は次のような詩節の一部ですので、続きと一緒に紹介します。

自己こそ自分の主である。他人がどうして（自分の）主であろうか？
自己をよくととのえたならば、得難き主を得る。
『ダンマパダ』（『ブッダの真理のことば・感興のことば』岩波文庫）

これは、周囲の影響に左右されない自分という名の土台をしっかりと築くことを説いた教えです。土台がなければ、物事はもろく、いとも簡単に崩れてしまいます。

同じように、どんな状況にあろうとも見失わない「自分という土台」をしっかり持つことで、本当に大切なものを受け取ることができることを意味しています。

自己を整える作業中

この教えを取り入れて考えると、世の中の流れを無理に捕まえようとしたり、便乗したりすることよりも、「自己こそ自分の主である」という教えにあるように、自分にとって心地よい立ち位置や過ごし方を見つけることに意識を向けることの方が大切であるとわかりますよね。

世間と無理に付き合おうとすれば、それは本心とは異なる判断や行動で生活することになり、生き辛さを感じてしまうことになるでしょう。

これは自分ではなく「周囲（他人）や世間が自分の主」となっていることを意味します。

よい例が、勉強です。誰のために勉強するかといえば、それは自分のためです。

私はこのことに気が付くのが遅かったと、今でも後悔しています。
大学生になるまでは親や周りの期待に応えるために勉強するものだと勘違いしていました。これではいくら勉強したって面白くありませんし、時間を自分のために使っているとはとても言い難いですよね。

ではどうすれば、自分が「自分の主」になれるかというと、それは自分にとって必要なものは何なのか一つひとつ確認しながら、自分ならではの生活の土台を固めていくことです。これが「自己を整える」ことでもあります。

私は、「世の中が自分に冷たい」と感じるのは、「自己をよく整える」作業の途中にいるからだと考えています。
この工程は、不必要なものをバッサリ切り捨てていく作業なので、それがあたかも孤立しているかのように錯覚してしまい、冷たさを感じてしまうのではないでしょうか。

このように考えてみると、周囲を気にして、嫌な思いや寂しい感情を抱くことはなくなるのではないでしょうか。

そして、さらにもう一歩踏み込んで考えてみると、自分が世間に冷たくできるのであれば、逆に温かくすることもできると考えられないでしょうか。

具体的にどうするかと言うと、余裕があるのであれば世間で騒がれていることに少し興味を示してみたり、自分の生活にもそれを適度に取り入れてみることです。

このようにして世の中に対する温度調節は自分でできるのではないでしょうか。

実は、私自身「世の中が自分に冷たい」と感じる一人です。しかし、よく考えてみると自ら世間の賑わいから距離をとっています。あまり騒がしいのが好きではないということもありますが、周りの方のことがあまり気にならないのです。

しかし、たまに気分転換で話題の商品を買ってみたり、騒がれている物事を試してみると、意外と役に立ったり、面白かったり、新しい発見をすることもあります。

これはいつになっても生活を楽しく過ごしていくコツなのではないでしょうか。

これの温度調節は「自己こそ自分の主である」という教えのもう一つのメッセージなのです。世の中の坂が見方次第では、上り坂にも下り坂にもなるように、世間についても自分の見方や距離でいかようにも感じ方を変えることができるのです。

まずは、「自分が世の中の軸である」ということを心掛けることからはじめてみてください。

必要以上に自分を責めてしまうのは、ある意味で才能の一種と考える

自分で自分を責めてしまう

そこまで非がないはずなのに、自分の取った言動に責任や不甲斐なさを過剰に感じ、落ち込んでしまったり、自分を必要以上に追い詰めて、胃を痛くしてしまうようなことはないでしょうか。

周囲からは「考え過ぎだ」「そこまで自分を責める必要はない」「もっと肩の力を

抜け」と言われても、自動的にそのように頭で考えてしまい、どうにもならないことで悩んでいるという方もおられるのではないかと思います。

以前はそのような方の相談を聞く度に、どちらかと言うと楽観的な性格の私は、内心ではつい「もっと気楽に考えればいいのに」「なぜそこまで自分を追い詰めるのだろう」と不思議に思っていました。

しかし、自責の念を強く持ってしまう性格で悩み、助けを求めている方が多いことを知り、何でも安直に考えてしまう私自身の方が問題なのではないかと思うようになると同時に、どのようなことを伝えれば気持ちを楽にしてもらうことができるのか、考えるようになりました。私なりにその考えをまとめたので紹介します。

謙虚でいられる秘訣だと受け止める

長年自分と付き合ってきた性格を急に変えることは実に難しいことですよね。「性格を変えればいい」と言うのは簡単なことですが、実際にはできないことです。それならば、このような性格は自分にとって意味があるから今まで続いているものと考えてもよいのではないでしょうか。無理に性格を変えようとするのではなく、自分の性格の特徴をどう受け止めていくかを考えた方が、気持ちも楽になると思います。

それでは実際に「必要以上に自分を責めてしまう」性格をどのように受け止めるかというと、それは「本当の反省」ができると考えてみてはいかがでしょうか。

一般的に「反省」は、自分の過ちを認めることを意味し、気持ちが沈み、落ち込んだ雰囲気を連想しますよね。その結果、比較的に暗い印象しか持てない方が多いかもしれません。

しかし、その先にはさらなる「反省」の意味があります。それは自らを見つめ直し、「改善」するという明るい方向に向かっていく姿勢です。

これは自分自身を分析し、成長する時間とも言い換えることができます。

普段、人は頻繁に後悔をすることはあっても、なかなか自己を内省し、自分を改めていくことまではしないのではないでしょうか。たいていの場合は少しの期間だけ落ち込んで、気が付いたら何もなかったように過ごしていますよね。

しかし、「必要以上に自分を責める」というのは、後悔するだけでは終わらず、その先にある「自分を省みる」ところまで踏み込んでいることになります。

これは簡単なようで実は難しいことで、誰もができることではありません。あとは、「改善」するように意識して過ごしていけば、「本当の反省」をすることができます。

では、「本当の反省」が一体何の役に立つかと言うと、それは謙虚な姿勢で生活し続けられるということです。

このことには、周りに敵をつくらずに生活することができるという、大きな利点があります。これは私にお悩み相談をしてきた方々に共通することでした。

人は物事が順調に進み、平穏に過ごしているときは、後悔することも自分を省みることもあまりないはずです。また、反省するとなると、さらに機会は少なくなりますよね。

すると調子に乗って何か失敗や過ちを犯したり、気が付かないうちに横柄な態度をとってしまい、ときとして周囲から反感を買ってしまうこともあるのではないでしょうか。

だからこそ自分を強く責めてしまうときは、このような事態を避けるためにも「本当の反省」の機会として時間を活用することを心掛けてみてください。

一種の才能として受け止める

私がこのように言う背景には、仏教の教えが大きく影響しています。その教えとは、「他人の過ちは見やすく、おのれの過ちは見難い」（『仏教聖典』仏教伝道協会）というお釈迦さまの言葉です。

これほど簡潔かつ真理を突いた言葉はないのではないでしょうか。

人は他人のこととなるとすぐに飛びつきます。それが他人の悪い噂や不幸に関わる事柄であれば、なおさらです。しかし、同じようなことでも自分のこととなると、ほとんどの方が知らない顔をしたり、必死に隠そうとするはずです。

これは何を示唆しているのかというと、「自分自身ときちんと向き合っていない証拠」です。自分のことは棚に上げ、誤魔化しているから、周りのことばかりに目が行ってしまうのです。

このような「人間の本当の姿」をズバリと言い当てているのが、このお釈迦さまの言葉なのです。

普段の生活において、他人を傷つけるつもりなど毛頭なく、よかれと思ってとった言動が、結果的には他人を傷つけてしまったという経験は誰しも一度や二度ありますよね。

人は気が付かないところで、よくも悪くも影響を与えてしまうものです。

しかし、それらを一つひとつ細かく確認しながら生活することは不可能ですし、普段ここまで深く物事を考えて生活することは、困難極まりないことです。

必要以上に自分を責めるということは、ここまで物事を深く掘り下げて考えようとしているとも言えるのではないでしょうか。これは誰もが持ち合わせている能力ではなく、一種の才能です。

しかし、この才能はただ持っているだけではあまり意味はありません。才能を開花させてこそ意味があるはずです。

この才能を開花させるには、発芽の際に水や肥料を与えるように、ある作業を行っていく必要があります。それは、自分を責めて反省し、学んだことをきちんと生活の中に活かしていくことです。

つまり、「改善」の姿勢をもって過ごすことです。

これが自責の念をもつ才能を開花させる水や肥料になります。ただ自分を責めたり、落ち込むだけで終わる時間にするのではなく、それをこれからの生活に活かす糧《かて》としていく心持ちがあると、言動に気を付けるようになれたり、謙虚な姿勢を保つことにつながってくるはずです。

最後に「蓮華《れんげ》」の花について触れておきたいと思います。「蓮華」はきれいな花を咲かせますが、どこに咲くかというと「汚泥池」の中です。「汚泥池」に生息し、その中できれいな花を咲かせることから、人の悩みや迷いという暗闇の中より「悟り」が生まれることを表わす喩《たと》えとして、仏教と深い関わりがあります。

まさに「転迷開悟《てんめいかいご》」（迷いを転じて悟りを開く）を示唆しています。

自分を責めて反省するというのは、悩みを転じることと同じだと思います。その中で、今後の生活で重要になるような「悟り」という名の大切な「気付き」が手に入るのかもしれません。

これからは自分を責めてしまう性格を嫌うのではなく、自分の大切な一部として認めてあげるようにしてもよいのではないでしょうか。

心と身体が不調と感じるときは、まず「身体の回復」に目を向ける

心と身体の不安の連鎖

不安や心配事がいっぱいで心のバランスが崩れているときは、深いため息ばかりついて、何に対しても悲観的になってしまいますよね。そのようなときの世の中は、まるで灰色に見えてしまうのではないでしょうか。

すると、その心の不調が連鎖して、身体的な調子まで狂ってしまうように感じることはありませんか。ひょっとしたら体調不良の原因を心の不調とつなげて考える方もおられるかもしれません。

直接的な原因ではないかもしれませんが、「病は気から」という諺《ことわざ》があるように、これはあながち間違いではないようです。

実際、暗い気持ちに引きずられて体調不良が悪化したりしてしまうことは医学的にも証明されています。たとえば、緊張すると胃やお腹が痛むことなどありますよね。

私は小学三年生のとき、一時的に学校が大嫌いになり、学校に登校するなり何か不安に襲われてお腹が痛くなって、いつもお昼に我慢できず泣いていました。

しかし、クラスの友だちや担任の先生にもこのことを理解されず、不思議に思った親に病院に連れていかれ精密検査を受けたところ、盲腸が見つかり、翌日に手術しました。

このときのことは、今でもはっきり覚えています。ストレスや心の不安が病を引き起こすことを、子どもながらに知りました。

ここでは、そんな「心と身体の不安の連鎖」で気持ちを暗くしている方に、気持ちを少しでも楽にしてもらうための考え方を紹介したいと思います。

楽になる考え方
あえて自分と深く対話する

最初に確認しなければならないことがあります。それは心の不調から身体の不調へと連鎖を感じる感覚は正しいということです。

また、逆に身体の具合の悪さから気持ちも沈んでしまい、心のバランスを崩してしまうこともあります。

つまり、心と身体は切っても切り離せない関係なのです。

これをきちんと踏まえたうえで、気持ちを切り替えてもらいたいことがあります。それは、心にしても身体にしても、何らかの不調を感じたとき、それに対して嫌悪感だけを持って対処しようとするのではなく、「何かしらのサイン」として受け止めながら対処することです。

精神的・身体的な問題や疲れは、色も形もなければ匂いもありませんよね。しかも「不調の感覚」は、視覚・聴覚・触覚・味覚・嗅覚の五感ではとらえることが難しいことです。

言い換えれば、自分と対話する時間ということです。
日常生活の中で、じっくり自分と向き合う時間はめったにないことですよね。
日々の生活では人それぞれやらなければならないことが山ほどあります。そんな中でやっと手にした自由時間を、普通は自分が心地よいと思うことや好きなことにしか使わないはずです。

誰も好き好んで自分を見つめ直すようなことに時間を費やすことはしません。

このように、人はなかなか自分の意思で立ち止まって、自分と向き合うことは難しいのではないでしょうか。


こうしたことを踏まえ、不調の連鎖を「自己内省の時間を提供してくれている」と受け止めれば、これまで持っていた嫌悪感とは別の気持ちも生まれてくるのではないでしょうか。

結果的に、健康上の問題が早期発見できたり、考え方や生活習慣を改善できたり、今後の生活を気持ちよく過ごすためのヒントにつながるかもしれません。

「身体」があって「心」があることを知る

しかし、そうすんなりとこれまで嫌悪感をもっていたことを都合よく受け止めることは難しいことですよね。

そこで、そんな気持ちをほぐしてくれる仏教の教えを紹介します。それは「身心《しんしん》一如《いちにょ》」という教えです。

これは「身と心は一つの如し」と書き下し、身体と精神とは別のものではないことを意味します。

たとえば、ガサツな言動をするときは、心が荒れている証拠。また心がザワつくと、顔にも複雑な表情が映りますし、行動や雰囲気にもその動揺は反映されます。

つまり、心にしても身体にしても、不調なときは、気が付かないところに何か問題が生じていることを意味しているのです。

それを静かに探り、解決していく時間を持つことは大切なことなのです。

そして、さらに重要なのはここからです。「身心一如」の教えには、さらなる深みがあるのです。

この言葉は曹洞宗《そうとうしゅう》の宗祖である道元禅師《どうげんぜんじ》が著《あらわ》された『正法眼蔵《しょうぼうげんぞう》』の中でも度々語られているのですが、注目すべきことがあります。それは、「身心」という漢字の順番です。

一般的には、「心身症」「心身相関」などの医学用語があるように、「心」が先になり「心身」となります。しかし、仏教の教えでは「身」が先になり「身心」という順番になります。

ここに、単に身体と心は一つという文字通りの意味だけではない深い教えがあるのです。

その教えとは、自分が身体を含め、すべてを支配しているという思い込みから離れることです。つまり、「心」は身体がなければ存在しないと考えるのです。普通は、「心」（自分の意思のようなもの）が先にあって、自分が身体をコントロールしていると思っている方が多いのではないでしょうか。

しかし、実はその逆で、先に「身体」があって、後に「心」があるのです。

おそらく、これまでは心と身体の不調を感じたときは、「心」の問題を強く意識して対処しようとしてきたのではないでしょうか。

しかし、今後は「身心一如」の教えを参考に、先に身体の不調を整えてみるようにしてみてください。ちょっとした身体的な問題の回復が、心の状態を改善へと導いてくれるかもしれません。

たとえば、嫌なことを考えてお腹が痛くなったとします。そのとき、すぐに嫌な気持ちをどうこうすることはできませんよね。

しかし、お腹を温めたり、薬を飲んだり、横になって休んだり、身体のケアをすることはできます。すると身体が楽になり、同時に気持ちも少し落ち着いてくるはずです。

心の不調を直接どうにかしようとしても、それは空気を手で掴もうとしているようなもので、とても難しいことです。なかなか思い通りにはいかず、かえってドツボにはまり、心の不調が悪化してしまうことも有り得ます。

心と身体のバランスが崩れているときは、心の不調に目を向けるのではなく、まずは体調の回復に意識を向けるようにしてみてください。

健康上の小さな改善から、少しずつ心の状態も改善されていくこともあるはずです。このような対処方法を心得ておくというのも大切なことではないでしょうか。

不調なときは誰にでもあります。否定的な面ばかりに目を向けるのではなく、自分との対話の時間や休憩時間として、言葉自体を置き換えるような気持ちを持つように心掛けてみてください。

きっと、今後の生活を明るく過ごすのに役立ってくれるはずです。

第2章

自分がどうすべきか
わからなくなったとき

人の意見を受け入れられなくなっても、そのままでいい

人の意見を素直に聞けない

何か新たなことに取り組むときや、自分が過ちを犯してしまったときなど、いろいろな場面において、周囲から意見をもらうことがあると思います。

しかし、相手の話を聞くことは聞くが、それを素直に受け入れられなくなってきたという方も多いのではないでしょうか。

片方の耳から入ったことがもう片方の耳からすぐ抜けていくという感じだけなら大きな問題にはならないと思いますが、人によっては周囲からの意見にカッとなって反発し、後から後悔するということを口にされる方もおられます。

その理由を聞くと、周りに対して「素直になれない」自分自身を許せないということがあるようです。

しかし、このどうにかしたいけれどもどうにもならない内心を周囲から理解してもらえず、「人の話を聞かない人」「言っても無駄な人」「頑固な人」「プライドが高い」「人を認められない」「難しい人」などと陰口を言われたりすることで、気を病んでいるということでした。

きっと思い当たる節のある方も多いと思います。

このような気持ちで悩む方に、気持ちを軽くしてもらえる考え方を紹介したいと思います。

他人任せにしていない証拠

「人の意見を受け入れられない」ことで、周囲からどう言われようと、また自分自身でどう思おうと、一つだけ言えることがあります。

それは、物事をきちんと自分で考え、判断をして生活しているということです。言い換えるならば、「責任転嫁」しない生き方をしているということになります。

「人の意見を受け入れない」というのは、表面的には自己中心的で身勝手な姿として見受けられがちだと思います。

ですが、別の見方をすると、自己中心的な姿から抜け出そうとする「自《おのれ》を律する姿」として受け止めることができます。

私は、この姿勢はなかなか真似できることではない生き方だと思っています。

この「自を律する」姿は仏教において重要視されています。なぜならば、「お釈迦さまが最後に残された教え」と言われているからです。

お釈迦さまはお亡くなりになる前に、お弟子さんからお釈迦さまが亡くなった後、自分たちは何を指針として生きていけばよいのかという質問を受けました。

そして、その回答として「自らを灯明《とうみょう》とせよ」（自灯明《じとうみょう》）という教えを残されました。

「自らを灯明とせよ」とは、「自分を照らし、拠り所としなさい」という意味です。これは、決して「自己中心的に生きないさい」と言っているのではありません。

この言葉の真意は、自分の行動は自分で判断し、その結果は自分で責任をとるという、自を律する「自律の教え」です。

つまり、この教えには、周りからのいろいろな意見に促されて行動を起こしたので、自分の責任ではありませんというような「責任転嫁」を戒《いまし》めるメッセージが含まれているのです。

「人の意見を受け入れられない」ということは、裏を返せば、「責任転嫁」しない、自分の納得する生き方をしている証拠とも言えるのではないでしょうか。

端から見れば、それはひょっとしたら「我が道を歩む人」「自己愛が強い人」「視野の狭い人」など、否定的な意味で「自己肯定感の強い人」と思われることもあるかもしれません。しかし、そのような周囲の声を気にする必要はないと思います。

実際、「人の意見を受け入れられなくなってきた」ということを自覚し、省みること自体が、「自己中心性」や「自己肯定感」が強くないことを証明しているのではないでしょうか。

また、人の意見を受け入れることができない一番の理由を考えてみると、それは、その意見が自分には関係ない、必要ないと感じるからだと思います。

もし、そう感じるのであれば、無理に受け入れる必要はないですよね。

無理して人の意見を受け入れてしまうと、自分にとって心地のよい生活が崩れてしまいかねません。「意見を受け入れない」ことで、無意識にも自分にとって過ごしやすい生き方を整えているのだというように考えて、自分に自信をもってみてください。

立ち止まればいい

しかし、そうは言っても、「他人任せにしない生き方」を続けていくことは、そう簡単なことではないと思います。実際の生活で、周りから悪口を言われることで、いろいろな感情が交錯し、本当に人の意見を受け入れずに生活しても大丈夫なのかと不安や心配も募ってしまうものですよね。

また、何でも自分で考えて生活することに疲れることもあると思います。

それでも大丈夫です。そんなときの気持ちを安心させる教えがあります。

それは、「後悔した」「不安になった」というような状況になったときは、一度一人で静かに周囲からの意見をまとめてみることです。

そして、必要かもしれない考え方、情報、手段を自分の生活に人知れず取り込んでみるということです。

ここには何も恥じらいを感じる必要はありません。私がこのように言うのには理由があります。

お釈迦さまの「自らを灯明とせよ」という教えには続きがあります。それは「法(お釈迦さまの教え)を灯明とせよ」(法灯明《ほうとうみょう》)という教えです。

これは、つまずいたときは、一度立ち止まり、お釈迦さまの教えを鑑《かがみ》として自分自身を省みて、軌道修正をしたり、気持ちを落ち着かせたりしてからまた進んでいきなさいというメッセージです。

誰であろうとも、生きていれば失敗、後悔、不安は付きものです。しかし、その都度、きちんと反省や生き方の修正をしていくならば、何度でも再出発はできます。

お釈迦さまは「自を律する」ことを続けていくことの難しさと、その難しさや不安を補うための教えを「自灯明」と「法灯明」を通して説かれていたのです。ここに安心感を持つことができないでしょうか。

そして、いつか周りからの意見が本当に必要となるときもあると思います。そのときは、その意見を受け入れるくらいの心持ちでいるのがちょうどよいのではないでしょうか。人はいざというときは、誰もが藁《わら》をも掴む思いで何かにすがるものです。
それでいいのです。これがお釈迦さまの教えです。

しかし、忘れてはならないのは、基本は「自を律する」姿勢が重要だということです。今の状態で生活に特に問題がないのであれば、無理に人の意見を受け入れる必要はありません。

ただし、いざというときに周りから意見がもらえない状況だと困ってしまうので、人の意見を受け入れる、受け入れないはともかく、とりあえず意見を聞くという「姿勢」だけは意識し、これまでの通り「人の意見を受け入れない」生活をしてみてください。

このくらいの心持ちでいることが、これからの生活を楽に過ごすためのコツになるのではないでしょうか。

「最近、怒りっぽい気がする」と思ったら、逆に多くの人と会話する

怒りを抑制できない

ちょっとしたことでもイライラしたり、怒りっぽくなったと自分の性格の変化が気になっている人は、少なくないと思います。

しかし、その理由を考えてもわからず、自分を好きになれなかったり、どうにかしたいけれども、どうにもイライラの感情や怒りを制御できずに、つい家族や友人をはじめ、周囲の方々に感情をぶつけてしまったりしてはいないでしょうか。

実はこれは私自身の問題でもあります。以前なら、何も感じることもなかったことに、なぜかイラつきを感じてしまったり、怒りを感じてしまうことが増えてきました。

感情を抑え込んで、周りに気付かれないようにごまかしてはいるつもりですが、やはり言動がトゲトゲしくなるようで、家族からは「怒ってるの？」と察されます。

そんな私のもとに、同じような悩みを持ち、なぜこのような状態になってしまったのか不思議に思うのと同時に、真剣にどうにか改善したいと思っている方が相談にお越しになることがあります。

そうした方に悩む気持ちを軽くしていただくため、自分自身に言い聞かせるつもりでお伝えしている考え方がありますので紹介します。

楽になる考え方

原因は性格的なものではなく、身体的なもの

最初に、人間は「感情の生き物」だということを再確認しましょう。人は喜怒哀楽の感情のサイクルの中をグルグル回りながら生活しています。しかし、このサイクルは自分の意思でコントロールできるものではありません。もし仮にコントロールできるのであれば、自ら好んで怒ったり、悲しんだりしたいという人はいないはずです。身心ともに疲れることですが、人が怒るというのもごく自然なことであることを改めて認識してください。

そして、そのうえで人が怒ってしまう原因を考えてみます。怒るという現象は、自分自身の内的な問題や周りからの外的な影響などの要因が考えられます。

ですが、ある程度年齢を重ねたうえで「怒りっぽくなった」という傾向を表す現

象は、これらとは別の要因があると思います。

その一つは身体的な老化です。特に脳の老化によって感情の制御が上手くできなくなっていることが原因として考えられます。

もちろん、元来の性格にもよりますが、大きな要因としては生活習慣に左右されるようです。その意味では、誰しも避けることのできない現象とも言えるのではないでしょうか。

自分だけが「怒りっぽくなる」のではなく、多くの人がこのような傾向になっていくと言われているので、過度に心配する必要はありません。

ここで、進行する「怒りっぽくなる」現象を緩和できる方法がいくつかありますので紹介します。

これは、私の自坊（お寺）で毎月実施している「お寺のえんがわカフェ」という有識者を招いて認知症の理解を深め、予防方法を学ぶセミナーでも紹介していますが、比較的簡単にできるものとしては三つあります。

一つ目は、規則正しい生活とバランスの取れた食事。二つ目は、適度な運動。そして三つ目は、人と会話することです。

ここで大事なのは、三つ目です。日頃から多くの人と会話することで、さまざまな刺激を受けることができます。話の内容は難しく考える必要はありません。ドラマの話、ラジオで聞いた話、読書の感想、昔の思い出など、たわいもないことで構いません。これが脳の老化スピードを緩めたり、ストレス解消のきっかけにもつながるのです。

大切なのは、自分は孤独だとふさぎこむ環境をつくらないことです。

自分自身の変化に気付き受け止めることの大切さ

そして、最も重要なことは、「怒りっぽくなった」という自分の変化に気付き、それを認めることだと思います。

そもそも気が付かなければ悩むこともないところを、自分の変化を見逃すことなく目を向けていること自体が稀有《けう》なことだと思います。普通は、自分の醜い部分からは目をそらしたくなるものですよね。

目をそらさずに自分の嫌な部分を悔い改めようとすると、どうしても「悩み」が生まれてしまいます。

どうにかしたいけれど、どうにもできない自分に申し訳なさを感じ、余計にストレスが溜まりイライラが募ってしまうのではないでしょうか。

ですが、これほど自分と正直に向き合えるということは、とても尊いことだと思うのです。なぜならば、これは怒った感情で周りの方に迷惑をかけたくない、周りの人々を大切にしたいという気持ちから生まれる優しさの表れだからです。無意識に、この気持ちが働いているのではないでしょうか。

これは「愚者《ぐしゃ》になりて往生《おうじょう》す」という、仏教の教えに通じています。この言葉は、浄土真宗の宗祖である親鸞聖人《しんらんしょうにん》が記された言葉です。

この一文の中の「愚者」というのは、一般的に使われるような「頭の働きがにぶい者」「教養がない者」というような意味ではありません。

これは、「人間の本性を認め、さらけ出す者」のことを意味します。

「常に自分を中心にして考えてしまう自分」「状況次第では何をしでかすかわからない自分」、これらをすべて真摯に認めるのは至難の業です。

だからこそ、「愚者」として自分を受け止めることのできる方こそが尊く、大きな悟りの世界へと導かれていくという教えが、「愚者になりて往生す」という言葉の意味なのです。

「怒りっぽい気がする」と自分の変化に気が付き、それを受け止め、どうにか対処しようともがく姿は、まさに「愚者」の姿に通じているのではないでしょうか。

周りには、なかなかこのような内心や葛藤を理解してもらえないかもしれませんが、きちんと理解し受け止めてくれる存在もいます。

仏教ではその存在を阿弥陀如来《あみだにょらい》という「まことの親心」を持つ仏として考えます。親心からすれば、自分の問題を解決しようとして、必死にもがく我が子の姿はどうにか助けたいと思わざるを得ないのです。この親心があるからこそ、どんな自分であっても安心して前向きに過ごすことができると思うのです。

たとえば、小さな子どもが覚えたての手で一生懸命に洋服のボタンをとめようとしているとします。

しかし、なかなか上手くいかず、何度も試みますが、しまいにはわめき泣き出してしまいます。実の親でなくても、このような幼い子どもの姿を見れば抱きしめて、代わりにボタンをとめてあげたくなりますよね。

これが「仏の心」というものです。


しかし、実際はなかなか自分を本当に「愚者」と認めるのは難しいことです。私自身、日頃から自分に「愚者」だと言い聞かせてはいますが、どうしても「愚者」と認めきれず、心のどこかで「自分は善人」と思っている節があるようです。

ときとして、周りから言動の端々からそれを感じると指摘されることもあります。どうしようもありません。そんなとき、自分が本当に情けなく悲しくなりますが、これもまた自分の「愚者」としての姿として受け止め、私には仏の親心がついているから大丈夫という安心感を持って生活しています。

怒りっぽくなったという自分の変化を感じたときは、まず「怒りっぽい自分」をありのまま認め、自分は「愚者」であると自分に語りかけてみてください。

すると、きっといろいろな気持ちや感情が生まれてくると思います。そして、自分をどうにかしたいと思い、あれこれ試すと対処が上手くいくこともあれば、上手くいかないこともあると思いますが、周りにはその懸命な姿に気付き、それを認めてくれる方もきっとおられると思います。

最終的にはどんな自分でも見捨てない仏がいるということを忘れないようにしてみてください。

このような心持ちでいると、これからの生活も気持ちを少し楽にして過ごしていけるのではないでしょうか。

どうにもならないことを考えてしまうときは、立ち止まって自分を省みる

ついつい妄想してしまう

どうにもならないことだとわかっていながらも、つい考えてしまい、自ら嫌な気持ちに埋没してしまうことってありますよね。

たとえば、過去の嫌なことを思い出したり、人を妬んだり恨んだり、理想とする生活を妄想したり、人生をやり直したいと思ったり、つい考えてしまうことは人それぞれだと思います。

このような妄想をするのは、特に何もすることがなく一人で時間を持て余しているときが多いのではないでしょうか。

望んでもいないのに、ふと頭に浮かんできてしまいますよね。

私も「今さら何を考えているのだろう」と自分でもあきれることを考えてしまうことがあります。

たとえば、「どうして日本に帰国してしまったのだろう」「どうして田舎のお寺に生まれたんだろう」など、自分の根幹を揺るがすようなことまで妄想することもあります。すると、やはりため息が出て、気持ちが重くなります。

しかし、幸い私は「仕方がない」「今がすべて」と割り切ることができるのですが、そうはいかない方も少なくないようです。

妄想した挙句、込みあげてくるさまざまな感情に引っ張られてしまい、せっかくの時間を不快な気持ちで過ごしてしまう方も多いと聞きます。

どうにかしてこの妄想癖を直したいけれども、実際にどうすればよいのかわからないという方に、気持ちを楽にしていただく、妄想したときの自分の受け止め方を紹介したいと思います。

楽になる考え方

信号として受け止める

どうにもならないことを、あれこれ考えてしまうことを完全にやめるのは不可能なことですよね。なぜなら、それは自動的に働く思考回路であり、自分で自由に制御することができないからです。

自然の流れに逆らって無理に考えることを止めようとするより、その妄想癖の受け止め方を少し工夫するようにしてみてはいかがでしょうか。そうすることで、否定的に思っていた癖を、自分にとって意味のある習慣へと変えることもできます。

実際にあれこれ考えていると、さまざまな感情が湧いてきますよね。大切なのは、この時間です。この時間をただ単に感情に身を委《ゆだ》ねて終わらせるのではなく、少し立ち止まって自分を省みる時間にするように心掛けてみるのです。

では、具体的にどのようにするのかというと、まず次のように考えてみてください。

どうにもならないとわかっていてもなお、そのことを考えてしまうということは、それだけ思い入れがあることだと考えられます。無意識にも「何か」気になるからこそ、考えてしまうのです。この「何か」を明確にするようにしてみてください。それがわかれば、今後の生活の教訓や戒めとして活用することができます。

いかがでしょうか？　この「何か」の正体がおわかりでしょうか？

この「何か」とは、現状に満足できない「不満足の心」です。これはどんな人にも共通することではないでしょうか。どれだけ歳を重ねても自分が愛おしく、つい自分中心に考えてしまうものですよね。

その結果、物事に対して「不満足の心」を抱き、それに流されてしまっている自分の姿に思い当たる節はありませんか？

どうにもならないことをつい考えてしまうということは、換言すれば現状に不満を抱く「不満足の心」に流されてしまっている証拠なのです。

これは人が何かと苦しいと思ってしまう気持ちを助長する原因でもあります。日常生活の中ではつい忘れてしまいがちになりますよね。

どうにもならないことを考えてしまう時間とは、この忘れがちな苦しみの原因を思い出させてくれるサインとして受け止めれば、妄想する時間の意味も変わってくるのではないでしょうか。

自分の闇に気付く

しかし、頭を切り替えて、このような受け止め方をするのは簡単なことではありません。抵抗感を持ってしまうこともあるでしょう。

ただ、その気持ちを和らげられる教えがあります。

それは「闇があるから照らすということがある」(『仏教聖典』)という仏教の言葉です。


人にはさまざまな闇の部分があります。「妬み」「そねみ」「恨み」など、誰しも他人には話すことも、見せることもできない姿があると思います。そして、さらに自分でさえ把握できないところでうごめいているドロドロとしたエゴが、人の中には存在します。

これは「自分を中心として計算する心」のことですが、仏教ではこれを「煩悩《ぼんのう》」と呼びます。

自分の闇の部分に目を向けることは、決して気持ちのいいものではありません。できることなら目を背けたくなるものです。

しかし、闇を闇として把握できているということは、それを照らすことができる自分もいるということです。

これが「悟り」の道につながるというのが、この仏教の言葉の意味なのです。

自分の闇と向き合い、それを認めるというのは、辛いことかもしれません。ついどうにもならないことを考えてしまうのは、どこかで自分の思い通りにしたいという「不満足の心」が働いていることを意味しますが、この自分の姿を正面から認めることは、本当に勇気のいることです。

しかし、その辛さや恐怖を乗り越えて、自分の闇を受け止めることができれば、それがそのまま光となり、自分にとってかけがえのない大切な教えや生き方へとつながっていくはずです。

これが「闇を照らす」ということです。重要なことは、光を照らすためには、照らす場所がどこなのか「闇」を把握しなければなりません。

例えば、懐中電灯の光を照らすにしても、必要な場所に向けなければ光の意味がありませんよね。これと同じです。

日常生活において、このように自分と真剣に向き合う場を持つことは難しいことです。お寺をはじめとする宗教施設を利用したり、何か特別なことが必要だと思う方もおられるかもしれません。しかし、必ずしもそうではありません。実はすぐ身近なところで、この貴重な場を持つこともできます。

その一つとして「どうしようもないことを考えてしまう時間」を利用することが

できるのではないでしょうか。

これは私の対処法でもあります。私は僧侶ということでお寺という特別な場所が身近にありますが、実際は自分のためにお寺を使用することはそう多くはありません。

自分を見つめ直すのは、どうにもならないことを妄想したときの方が多いです。その度に、自分にはまだまだ未知の闇が潜んでいることに気付き、襟を正す思いで言動を反省し、今の自分の生活に意識を戻すようにしています。

きっとこれからもこの繰り返しだと思います。

妄想の時間は今後も続いていくことでしょうが、テコ入れをしなければ、それはただの嫌な癖に変わりはありません。しかし、テコ入れをすれば、この癖も少しずつよい習慣へと変えることもできるはずです。これも、これからの時間をよりよく過ごしていくための秘訣となるのではないでしょうか。

何事にも「やる気」が起こらなくなったら、「三昧」と「方便」を意識してみる

年々「やる気」が起こらなくなってきた

年々、何をするのも億劫《おっくう》に感じるようになってきたと思うことはありませんか。家事や仕事、外出にいたるまで、どうも気持ちが乗らず、腰が重く感じることもありますよね。

しかし、面倒くさいからといって、何もしないわけにもいかず、ときおりため息をつきながらも仕方なくやり過ごされていることでしょう。

そんなときは、どことなく寂しい気持ちを抱えていることも多いのではないでしょうか。

人によっては、どうにかして「やる気」や元気を取り戻そうと、周囲に気を遣って無理につくり笑顔をしてみたり、あれこれ試行錯誤することで、疲弊してしまっている方もおられると思います。

私はたまに、このようなことで相談を受けることがあります。しかし、それは本人から直接の相談ではなく、ご家族の方や親しい関係にあたる方を通してです。どうも、ご本人のそんな姿を見ていていたたまれなく思うようで、どうにかして本人の「やる気」を出させる方法を教えて欲しいとお願いされます。

そうして心配される方の気持ちもわかるので、私もあれこれ考えるのですが、なかなかよい方法が思いつかず、悩んでいます。

しかし、こうした問題で一番辛いのは本人ですよね。このままではいけないと思っても、どうにもならず、もどかしい気持ちで人知れず苦しんでいるのですから。問題の解決とまではいきませんが、苦しみを少しでも軽減してもらえる考え方をまとめてみましたので紹介します。

楽になる考え方

ゆっくり休む時間として受け止める

「やる気」が起こらなくなってきた理由は、人それぞれですよね。身体的な問題もあれば、精神的ストレスが原因となる場合もあるでしょう。

しかし、「やる気」が起こらなくなった内容が何であれ、すべてに共通して言えることが一つあります。それは「疲れ」です。

物事に対する「やる気」というのは、別の表現をすれば、多少の苦労や不安を乗り越えるエネルギーや体力になると思います。

こう考えると、「やる気」が失われてきたということは、必要なエネルギーや体力がなくなってきていると受け止めることができます。

つまり、休憩と充電が必要だと告げる警鐘《けいしょう》なのです。

きっと知らず知らずのうちに、心身に随分と負担をかけていたことも山のようにあるのではないでしょうか。

物事に「やる気」を持てなくなってきたと感じたら、これまで頑張ってきた自分にご褒美をあげるつもりで、ゆっくり休む時間がやってきたと考えてみてもよいと思います。

このような考え方をすすめる理由がもう一つあります。それは、そもそも「やる気」を起こす、なくすことは自分自身でそう簡単にコントロールできるものではありません。

「やる気」は自然の流れでやって来ては去っていくもののはずです。

それを無理に維持させようとしたり、再燃させようとすることは、川の流れに逆らって泳ぐようなものです。

待っていれば、必ずまた「やる気」は戻ってきます。きっと過去にもこのようなことは何度もあったのではないでしょうか。


これは私の父の話ですが、定年を迎えるまでサラリーマンと僧侶という二足の草鞋《わらじ》で毎日奔走していました。

しかし、サラリーマンの仕事を退職した途端、気が抜けたように毎日ずっと横になってテレビを観るようになりました。それはまさに何事にも「やる気」がない状態でした。

そんな父の姿を見たことがなかった私や家族は本当に心配していたのですが、それも一時のことでした。気が付いたらギアを入れ替えたように、父はまた奔走する姿に戻っていました。

「やる気」が起こらなくなってきたことを、決して問題視する必要はありません。「やる気」が起こらないときは、特に「やる気」を出して物事に取り組まなければならない事態ではない限りは、そのときの気持ちに身を委ねて身心を休める時間とする方が自然です。

すると、気が付いたらまた「やる気」が戻ってくるはずです。

いつでも初心を忘れないことを心掛ける

しかし、そうは言ってもいつまでも休んで、自然と「やる気」が起こるのを待っていられない場合もあると思います。どうしても「やる気」を出さなければならない局面もあることでしょう。

そのようなときにおすすめするのが、自分がやりたいこと、心地よいと思うことを徹底的にやってみることです。

たとえ「やる気」が起こらない状態でも、何かやりたいことの一つや二つはあるはずです。それを気が済むまでやってみるのです。これは間接的に「やる気」を起こす方法の一つです。

この方法は仏教でいう「三昧《ざんまい》」にも通じています。普通は「物事に熱中すること」の意味として使用されていますが、元来は仏教用語であり、意味も少し異なります。「三昧」はサンスクリット語のサマーディ（samādhi）の漢訳で、「心を一処に定めて集中し安定した精神状態」を意味します。

つまり、何かに一つに集中することである地点に到達し、そこで見えるものもあります。これは、仏教の修行の根本的な姿勢です。

しかし、誰もが仏教の修行として「三昧」をすることはできませんので、代案となるのが、自分が面白いと思うことに集中するのです。これであれば長続きできますよね。

しかし、自分が楽しいと思うこともそう長くは続かないはずです。いつかは飽きます。それでいいのです。この過程で「やる気」が起こる「きっかけ」が生まれるかもしれませんし、飽きたタイミングで本来の自分の姿に戻らなければならないという「気付き」があるかもしれません。

これは私の父の姿から学んだことでもあります。後で父に聞いてみたのですが、父はそれまでゆっくり観ることのできなかった数々の韓国ドラマをどうしても観たかったようなのです。そしてしばらくテレビをずっと観る日々が続きましたが、気が付けばもう観飽きたのか、気が済んだようで、韓国ドラマを観ることもなくなりました。

この期間の後に再度僧侶としての仕事に本腰を入れ、またいろいろな物事に取り組むようにもなりました。きっと、そのための準備期間だったのだと思います。

このように直接的ではなく間接的な方法で自分のやる気をコントロールすることもできます。これが父なりの「やる気」の取り戻し方だったのでしょう。

実は、この考え方は「方便《ほうべん》」という仏教の教えに起因します。一般的には、「嘘も方便」という諺で知られ、「ものごとを上手く運ぶためには、嘘が必要なこともある」というような意味として理解されています。

しかし、元来は仏教用語で意味も全く異なります。

「方便」はサンスクリット語のウパーヤ（upāya）の漢訳で、「近づく」「到達する」というのが原義となります。

実は本来の「方便」とは、仏が人々を悟りへと導くための巧みな手立て、便宜的な手段や方法を意味するのです。つまり、直接的な行動ではなく、ときには間接的な行動や手段も有効だということです。

基本的には「やる気」はいずれ自然と戻ってきます。「やる気」がどうしても必要という場合ではない限り、そのときの気持ちに素直に身を任せて過ごして問題ないと思います。

しかし、いざとなれば、「三昧」と「方便」を利用して、自分の「やる気」をコントロールする方法もあるということだけは忘れずに、気持ちを楽にしてお過ごしください。

第3章

漠然と不安を感じるようになったとき

「他人の目」が気になるのは、自分に「伸びシロ」がある証拠

自分への自信のなさの表れ

普段の生活の中で、どうしても気になってしまうことの一つに、「他人の目」というものがあると思います。

もちろんまったく気にせず我が道を突き進むような方もおられますが、そういう方はごく稀《まれ》だと思います。

周りから「どう見られているのか」「どう思われているのか」「どう評価されているのか」と、気になってしまうのはごく自然なことです。これは別の言い方をすれば、一種の不安の表れだと思います。

例えば、知人が集まって何か井戸端会議をしていたら、それは自分の噂なのではないかと妙に気になったり、心がざわついてしまう経験は誰にでもあるのではないでしょうか。

このような不安は、近所付き合い、職場の人間関係、交友関係など、日常生活のいたるところで垣間見られると思いますが、何がこうも「人目」を気にさせてしまうのでしょうか。

おそらく、「他人の目」が気になってしまう背景には、自分への「自信のなさ」があると思います。これが不安を感じてしまう要因の一つだと考えられないでしょうか。

この不安をかき消そうとして、周りからの評価と自分を照らし合わせているというのが、「他人の目」が気になるということの実態だと思うのです。

実際、「他人の目」を気にすることで安心を得ることも稀にあるかもしれませんが、大抵の場合は劣等感を覚えることの方が多く、不安や焦りのような感情はさらに大きくなり、自分で自分の首を絞めてしまうのではないでしょうか。

できることならば避けたい習慣だと思いますが、どうしても「他人の目」が気になってしまうときに、その気持ちを落ち着かせるのに役立つ考え方があります。

楽になる考え方

「他人の目」を、自分に自信を持つ糧にする

先に結論を言うと、「他人の目」は自分を若々しく生活させ続けることに利用で

きるという考え方をしてみることです。私がこう言うのには理由があります。

たとえば、一般的にはある程度の年齢に達すると、「他人の目」を気にすることが少なくなるということを聞きます。実際、そのように見える方もおられますよね。

しかし、なぜそのように見えるのか考えてみると、それはその人自身に「自信」がついたからということでも、その人が世の中のことを悟ったからということでもないと思います。

ほとんどの場合は、「もうどうでもいい」「あきらめた」「自分はもう若くないから」というような悲観的な心情が理由になると思うのです。

そうすると、このような方は他人の目を気にしなくてよい分、どこか寂しい気持ちを持っておられるのではないでしょうか。

私はお寺で年配の方とお話をする機会が多いのですが、よく呟かれるのが「つまらない」「世の中がよくわからない」「もう（人生は）長くないから」という言葉です。

こう口にされるご本人も寂しい気持ちだと思いますが、聞く側も同じく寂しくなってしまいます。

そして、ここからが大事なポイントです。「他人の目」が気になるという方は、気にならない方にはあまりない不安を逆手にとって、自分自身に欠けているものを見つけては補ったり、新たなことを学んでみるようにしてみてはいかがでしょうか。これは、生活をしていくうえでの「張り合い」や「活力」を意味します。自分にはまだ「伸びシロがある」というふうにとらえてみてもよいと思います。

具体的には、自分の年齢や置かれた状況の中で、自信を持てるように自分を鍛えていくように心掛けることです。

すると、若々しく、かつ楽しく過ごすことにもつながると思うのです。その結果、「他人の目」に対しても、以前ほどは嫌悪感を持つこともなくなるのではないでしょうか。

そもそも「他人の目」を気にすること自体、何も悪いことではありません。周りの目を意識しながら生活することは、社会の中で規律を守ったり、調和しながら生きていくうえで必要不可欠なことですよね。

しかし、注意すべきことがあります。それは、「他人の目」が気になるのは気になるので仕方のないことですが、気にし過ぎないようにすることです。

あれこれ過剰に気にしていては身が持ちませんし、生活に窮屈さを感じてしまいますよね。

ちょうどよい加減が大事

このような状態に陥らないためにも、心掛けておきたい教えがあります。それは、お釈迦さまの「琴弦《きんげん》の喩《たと》え」の教えの中で言及されています。

「琴の弦が、張りつめすぎても緩すぎても、いい音は出ないように、悟りを得る道もこれと同じく、怠《おこた》れば道を得られず、またあまり張りつめて努力しても、決して道は得られない。だから、人はその努力についても、よくその程度を考えなければならない」

『仏教聖典』（仏教伝道協会）

つまり、何をするにも適度な緊張と緩みの「ちょうどよい加減」が必要ということです。「他人の目」を利用して自分に自信を持てるように心掛けるにしても、周りからのすべての声に対応することは不可能なことですよね。
難しいこともたくさんあります。かといって、すべての声を遮断してしまえば、これまでと何も変わりません。

自分にできそうなこと、もしくはちょっと背伸びして努力すればできることに対応してみるという心持ちが、大切なのだと思います。
これが「ちょうどよい加減」というものではないでしょうか。

そして、もう一つ忘れてはならないことがあります。それは、何事にも評価というものは付きものですが、評価はいつも後から付いてくるものということです。評価は結果なのであって、目的ではないということを再確認してみましょう。

「他人の目」を意識し、物事に取り組んでみる姿勢は素晴らしいことですが、「一目置かれたい」「優越感を味わいたい」というような、周りからの評価や見返りを目的とした場合、それは打算的なものとなり、その姿は不思議と嫌なふうに周りに伝わってしまいます。

このような事態を避けるには、「自分に必要なこと」「自分で納得できること」に絞って行動に移すことを心掛けてみてください。

その結果、予期せぬ評価や成果も生まれてくると思います。

しかし、そうは言っても簡単に「自分に必要なこと」「自分で納得できること」を把握すること自体、難しいことだと思います。これは理想です。

ですから、心持ちとしては、気になってしまった「他人の目」を紛らわすために、何でもよいので何かを見つけて、別のことに取り組んでみるということからはじめるのがよいと思います。

そうすれば、いつのまにか気になっていたことも忘れていると思います。

私は、よく家の周りを散歩したり、部屋の掃除などして、身体を動かすことで「他人の目」への意識をそらすようにしています。

「他人の目」が気になってしまうのは仕方のないことですが、それにあまりに振り回されてしまっては、誰のための人生なのかわからなくなってしまいます。

人生において、感動や幸せを感じるのは他人ではなく自分自身ですよね。誰のための人生なのか再確認しながら過ごすことも、これからの生活を楽しく送るうえで大切なことだと思います。

ときとして、「他人の目」を上手に利用するという考え方を活用してみてもよいのではないでしょうか。

過ぎたことを気にしてしまうときは、過去の「有難さ」を見直す

やめたいけれど考えてしまう

やめたいけれどやめられないことの一つに、もう過ぎてしまったことをいつまでも思い悩んでしまうことがないでしょうか。

いくら考えても仕方ないことはわかっているつもりでも、ついつい考えてしまう。おそらく多くの方が共感されることでしょう。

過去のことを気にしてしまう原因は大きく分けて二つあると思います。一つは、「後悔」。そして、もう一つは「後悔」の元となっている「現状に対する不満」ではないでしょうか。

私もふと過去の嫌なことを思い出し、考えてしまうことがあります。どうしてわざわざ自ら嫌な気持ちになるようなことをするのだろうと考えてみると、やはり「後悔」が一番の理由になり、さらになぜ「後悔」しているのか考えてみると、自分の現実の姿や状況を受け入れたくないという「不満」があります。

この「後悔」と「不満」の入り混じった気持ちによって、いつまでも過去を引きずってしまい悩む方は多いと思いますが、そんな方の悩みを少しでも軽減するのに役立つ考え方があります。

今の幸せだけを考えることで過去を許す

一般的に、過去のことを考えてしまうことは、「悲観的」「後ろ向き」として否定的に言われることが多いですよね。しかし、それは一つの側面にすぎません。なぜならば、もっとさまざまなとらえ方や役割があるからです。

大前提として、過去を振り返るという行為自体に「よし悪し」はありません。問題となるのは、その行為をどのように活用するかという点にあります。ここが、過去を振り返ることを肯定的なものにするか、否定的なものにするかの重要な分かれ道です。

学習という点では、過去の歴史から学ぶことは大切です。先人の「成功」「失敗」や過去の自分の経験の中から、人はさまざまなことを学びます。

過去を振り返ることは、生活をしていくうえで欠かせないことですよね。これは誰もが納得することでしょう。

四字熟語に言い換えると「温故知新」と表現できると思います。「故《ふる》きを温《たず》ね、新《あたら》しきを知《し》る」と書き下しますが、新しいものは、古いものの中からこそ見出されるということを意味します。

より充実した生活を営んでいくには、過去の歴史や経験を振り返り、その中にこそ成功の秘訣があり、決して過去を蔑ろにしてはならないということです。

しかし、そう簡単に気持ちを割り切ることはできず、後悔しかできないという場合も多いことでしょう。

それはきっと、過去の出来事（自分）を許すことのできない気持ちがそうさせているのではないでしょうか。

私の胸の内を語ると、自分でも許すことのできない過去があります。日頃は、周りには悟られないように振る舞っていますが、後悔でしかない過去があります。

しかし、そんな気持ちを落ち着かせる考え方もあります。

それは今の自分を省みて、現状でよいと思っていることや幸せだと感じることなど、何か今の現実の中で自分を肯定的にとらえられることを思い起こしてみるのです。

どんな些細なことでも構いません。そのことだけに意識を無理にでも向けるように心掛けてみてください。

また、今の自分に何もいいことなどないという方は、過去の出来事がなければ、現実は今の状態よりさらにひどい状況になっていたと考えるようにしてみてください。

このように、今の自分を肯定的に思うことに意識を向けることで、過去に対する気持ちを紛らわすことができます。

これを繰り返す中で、過去への気持ちも徐々に変わっていくのです。

私は、過去を消したり、憎んだりするのではなく、過去を背負って生きていくこともできることを学びました。

大げさな話ですが、事実として、どんな過去であろうとも、過去がなければ今の自分の「いのち」もありませんよね。

「幽霊」にならない

重要になるのは、「今」という時間の過ごし方です。意識を「今」に向けるための心の持ち方として、仏教に「後生の一大事」という言葉があります。

「後生」とは、「死後」の意味として理解されるかもしれませんが、そうではなく、たった今からの過ごし方を意味します。

「一大事」とは、「一番大事なこと」の意味です。

誰しも死というものを避けることはできません。もう行き先は決まっているのだから、あれこれどうにもならないことを考えたり心配したりするのではなく、たった「今」からの過ごし方を一番大事にしなさいという教えです。

これは仏教が説く根本的な生き方です。

別の表現をすれば、「幽霊になるな」ということになります。代表的な幽霊の特徴を挙げてみると、三つあると思います。

一つは、長い髪を持つ白装束の人。二つ目は、その人の手がぶらんと下がっている。三つ目は、その人に足がない。

実は、これら三つにはすべて意味があります。

長い髪は、「おどろ髪」と言って、後ろへ向かって伸びています。これは、終わってしまって過去に執着している姿を表しています。

そして、ぶらんと下がった手は、未だ来るか来ないかわからない未来に対して、取り越し苦労をしている姿を表しています。

最後に、足がないというのは「地に足が着いていない」ことを意味し、「今」を生きていないということを示唆しています。

つまり、過去を振り返り、その思い出から抜け出せず、なかなか「今」という時間の過ごし方に目を向けることができないのが「おどろ髪」。

過去の失敗を恐れて、これからやって来る未来にも期待が持てず、不安を感じているのが「ぶらんと下がっている手」。

その結果、「今」という時間をどう過ごせばよいのかわからずにいるのが「宙に浮いている姿」。

このような姿を「幽霊」と言います。

誰も「幽霊」になりたくはありませんよね。そのためには、「今」という時間にしっかり意識を向けて過ごすようにして、地に足を着けるように心掛けていかなければなりません。

結果的には、これが過去のとらえ方にも変化をもたらしてくれるはずです。

はじめて吐露しますが、私は親しい人たちから以前は「幽霊」のようだったと言われます。今思えば、嫌な過去を忌み嫌うことで過去に執着し、また同時に未来に希望を持てないでいた気がします。

しかし、「今」を生きようと自分を省みて、過去を消そうするのではなく、その事実も後悔もすべて背負って生きていこうと覚悟を決めて生活し始めた頃から、私の姿がよく見えるようになったとも言われます。

きっと、地に足を着けた人間になれたのでしょう。今では、以前に比べると過去に対する気持ちも随分と柔らかくなった気がします。

今日、私のもとに過去の悩みごとで相談にお越しになる方が多々おられますが、そのほとんどの方が背を丸めて下を向いておられ、その姿を「幽霊」のように感じることがあります。それはまるで過去の自分の姿を見るようです。

過去を振り返ることは悪いことではありません。また、何年経っても許せないこともあるでしょう。

しかし、私たちが確かに生きることができる時間は、「過去」でも「未来」でもなく、「今」だけです。現状や未来を明るいものにしたいと願うならば、たった「今」からの考え方や行動が重要な鍵を握るのです。

過去を背負って生きても大丈夫という覚悟をもって、「今」からの過ごし方を考えてみてください。きっと今後の生活を心地よいものにしていくことにもつながってくるはずです。

一つのことにとらわれてしまうのは、深い洞察力をもつ証拠

やるべきことが上の空になってしまう

物事の考え方は星の数ほど多くあるのに、「これしかない」「こうでなければならない」と思い込んでしまい、一つのことにとらわれてしまうことってありますよね。とらわれてしまう内容は人それぞれだと思いますが、何をするにも細かいことが気になってしまい、自分の思いや考えと一致しなければ納得できず、何かと疲れてしまうのではないでしょうか。

たとえば、何気なく過ごしているときに、ちょっとした問題が発生したり、気になることがあると、そのことにしか意識が向かなくなり、他のことには手がつけられなくなってしまうことなどありませんか？

私のもとへ相談にお越しになる方々の中にも、何か作業をしていても、何をしていても気が散って別の物事にとらわれてしまい、そこから抜け出せなくなって悩んでいる人がおられます。

実際のお悩みを聞くと、それまで取り組んでいた作業は中途半端なまま止めることになってしまったり、とらわれてしまったことを徹底的にやり抜かなければ気が済まないのですがそれも上手くいかず、落胆してしまうと仰います。

また、そのような様子を見た周りからも「凝《こ》り性」「頑固」「融通が利かない」「視野が狭い」とあきれられたり、もう少し柔軟な考え方ができれば、そこで気苦労することもないのにと悩む方も少なくないようです。

このようなお悩みの解決の糸口となる考え方を紹介したいと思います。

楽になる考え方

とらわれることの意味を考える

「一つのことにとらわれる」というのは、たとえるならば、「木を見て森を見ず」ということではないでしょうか。これは森に生えている一本の木を見ることはできても、森全体を見ることができないということです。つまり、何かの一部や細かいことばかりに気が回ってばかりで、物事の全体をとらえることができていないことを意味します。

このように一般的には「とらわれる」ことは「視野の狭さ」の観点から、否定的に認識されがちですよね。

しかし、「細かいことばかりが気になる」という点を別の見方をしてみると、肯定的にとらえることもできます。それは、人があまり目を向けないような細部にまで注意を払うことができ、物事を深く考察できる洞察力を持ち合わせているという見方です。

たいていの場合、目の前に映る表面的なものや物事の全体像は認識しても、それらの内側や裏側にあることや、物事を成り立たせている細かい要素のことまでは気にしないものですよね。これでは、本当の意味で物事を理解したということにはならないでしょう。

また、「とらわれる」というのは、別の言い方をすると「こだわりがある」になります。「こだわり」はその加減にもよりますが、ある程度なければ、自分の意思を表示することはできなくなってしまいますよね。

何かに固執することは、必ずしも悪いことではないということを認識してください。

また、「一つのことにとらわれる」ことには、自分にとって何か意味があることだと考えてもよいのではないでしょうか。物事に対して柔軟に対応できる方がよいということは、誰しもわかっていることです。

しかし、それでも固執してしまうということは、何か自分にとって意味があり、必要なことだと思ったほうが気持ちとしてすっきりしませんか？

おそらく「とらわれる」ことは、これまでの人生経験から算出された大切な答えの一つだと思います。「とらわれる」こと自体を悩みの種とするのではなく、その内容と自分の関係性や意味を考えてみると、以前とはまた少し違った気持ちを持つことができるのではないでしょうか。

細部と全体を見るバランスが大事

しかし、ここで忘れてはならないことがあります。それは、「とらわれ」から離れて、物事の全体を見ることのできる視野です。つまり、細部ばかりに意識を向けるのではなく、細部と全体像を見るバランスが大切ということです。

この視点は仏教の教えに基づいています。その教えとは「指月《しげつ》の喩え」と呼ばれるものです。これは、お釈迦さまが弟子に教えを学ぶ心構えを説いたものと言われています。

お釈迦さまは自分の教えを「月をさす指」として理解するように弟子に伝えられました。

ここで言う「月」とは「真理」を意味します。そして、「指」は「教えるための手段」を意味し、経典に書かれている文字、表現、論法を示唆しています。

お釈迦さまは自分の教えとは、「月」という名の大きな「真理」の方向に人を差し向けるものであり、人はその方向を向いて歩んでいくことが重要である。「指」そのものを凝視し、教えの細かいことばかりに目を向けるべきではないと仰っているのです。

これが「指月の喩え」です。

「一つのことにとらわれる」ことは、「指」を見ている状態ですが、その見方は「指」の形や色を見ているようなものです。

つまり、執拗に「指」を見ているのです。もちろん「指」を見なければ、「月」という名の「目標」「ゴール」「理想」がどの方向にあるのか把握できませんが、執拗に「指」そのものに意識を向ける必要はありません。あくまでも「指」が示す「方向」が大切なのです。

世の中には「指」を見ようとしない人もいますよね。これでは無鉄砲な人生となってしまいます。そんな方も多い中、せっかく「指」に目を向けることができているのですから、この機会を大切にするように心掛けてみてはいかがでしょうか。

では、具体的にどのように大切にしていくかと言うと、まず今の自分の目線が少し「指」に向き過ぎていることを認めることです。

そのために、自分が「とらわれる」ことの内容やその理由が一体何なのか少し考えてみてください。これを問うことが視線を徐々に「指」から「月」の方向へ向けることへの手助けとなるはずです。

そうする中で、少しずつ「とらわれ」から解放されることにつながっていくのではないでしょうか。

大事なことは、「指」と「月」を見るバランスです。先ばかり見て歩いていると、足元の石などにつまずいて転んでしまいますよね。先を見ながらも足元を確認しながら進んでいかなければ、上手に生きていくことは難しいのではないでしょうか。

私はあまり何かに「とらわれ」がない性分です。しかし、「とらわれ」がそこまでないが故の問題もあります。それは「月」ばかりを見る傾向があり、「指」をもっと見なければならない状況にあることです。先にある理想ばかり追い求めてしまい、そのために必要な準備や手順など細かいことを考えることを疎《おろそ》かにしてしまいます。

すでに「指」を見ることには長けているのですから、あとは「月」を見るという習慣を取り入れていくというような心持ちで過ごされてみてはいかがでしょうか。きっと「目標」と「手段」が明確になってきて、これからの自分の過ごし方の整理にもつながることでしょう。

実は誰もが、自分自身の中に深い「闇」を抱えて生きている

自分の中にある「闇」

決して他人には言えないけれど、周りの人の不幸を面白く思ってしまったり、酷いことを口にしてしまいそうになってしまうことに、心当たりはないでしょうか。

しかし、ふと我に返ったとき、そんな自分に対して自己嫌悪に陥ったり、自分が怖いと思ってしまいませんか？

日頃、表向きはあたかもそんなことを考えていないように振る舞っていますが、実は自分の中に「まさか」と思うような「闇」があるということに不安を感じている方もおられるのではないでしょうか。

このような胸の内を誰にも相談することができず、私のもとにお越しになる方がおられます。親、子ども、友人をはじめ、親しい相手に対しても、怒り・妬み・嫉《そね》みの気持ちがうごめいてしまい、そんな自分に恐怖すら覚えてしまうと打ち明けられます。

なかには気持ちが爆発して、親に手をあげてしまったり、親しい人に暴言を吐いてしまったり、そのことで涙ながらに深く後悔をされている方もおられます。

そして、「こんな人間でいいのか」「亡くなった後、自分は救われるか」など、後悔の念と不安で押し潰されそうになると嘆かれます。

これからの人生を考えたとき、どうしてもこのような後悔や不安はすっきりさせておきたいことだと思います。

ここでは、このような負の気持ちを落ち着かせ、前向きに生活していくのに役立つ考え方を紹介します。

楽になる考え方
人は誰でも条件次第で何をしでかすかわからないと知る

ときとして、普段の自分では想像もしないことを考えたり、とんでもない行動をとってしまう自分が怖くなるという不安から考えてみたいと思います。

先に結論を言うと、たとえ自分は他人に対して酷いことは絶対にしないと自信を持っていても、また周囲からどれだけ評判のよい人間であろうとも、これは人に内在している人間の本性です。

いわば誰もが持っている「闇」です。認めたくないことですが、認めざるを得ないことなのです。

これは『歎異抄《たんにしょう》』（第13章）という書物にある親鸞聖人と弟子の唯円《ゆいえん》との問答によって明らかになっています。

その問答とはこのようなものです。

あるとき親鸞聖人は唯円に「これから言う私の言うことを何でも聞くか」と尋ねます。唯円は「もちろんです」と答えます。

すると親鸞聖人は念を押して、「本当に言うことを聞くか」と尋ねます。唯円は「必ず」と返答します。

すると、親鸞聖人は「それでは、これから人を千人殺してきなさい。そうすれば往生することが決定《けつじょう》するでしょう」と仰いました。

唯円は即座に「そう言われましても、私には人を一人でさえ殺す力はございません」と回答します。

親鸞聖人は「ではなぜ私の言うことを何でも聞くと言ったのか」と仰いました。

ここから親鸞聖人は人間の本性について説かれます。

「人は何事も自分の思うままに決めることができるのであれば、往生のために千人を殺せと言われればすぐに殺せるはずである。たった一人でさえ殺すことのできない過去からの縁があるからこそ、殺すことができないのだ。自分の心が善い人間だから殺さないのではない。殺したくないと思っていても、百人・千人を殺すような縁もあるのだ」

親鸞聖人はこのように説かれ、どんな人であれ条件が揃えば何をしでかすかわからないのが人間だと言われています。

確かにその通りですよね。人は何かに追い詰められたり、まさかの出来事に遭遇したとき、自分の意図とは反するような言動をとってしまうものです。

また、過去を振り返ると、気が付かないうちに他人を傷つけていたというようなこともあったのではないでしょうか。

これは例外なく、世界中のすべての人間が同じ「闇」を抱えているということでもあることを認識しましょう。

どこまでいっても一人ではない

では、そんな不安定な自分をどのように受け止めればよいのかわからないという方もおられると思います。このままで大丈夫なのか、不安ですよね。

そのような複雑な気持ちに寄り添う仏教の言葉があります。

それは、「善人なおもて往生をとぐ、いわんや悪人をや」というものです。

これは親鸞聖人が同じく『歎異抄』で述べておられる一文で、「悪人正機《あくにんしょうき》」と呼ばれる思想です。

この教えの特徴は「善人でも救われるのだから、悪人はなおさら救われる」と考え、悪人こそが仏の救いの目あて（正機）だと説く教えです。つまり、普通とは真逆の考え方をすることです。

一般的には、「悪人でも救われるのだから、善人はなおさら救われる」と考え、「善人」を救いの目的にするはずですよね。

しかし、「悪人正機」は「悪人」を救いの目的とするのです。

実はこの教えの中の「悪人」は、道徳的な意味ではありません。これは自分の本性を正直に受け止め、それでも懸命に生きようとする人のことを意味するのです。

ここで後悔や不安で押し潰されそうな自分を「悪人」という言葉に当てはめてみ

てください。

人は皆、意図せず人を傷つけてしまったり、抱いてはならないような感情を抱いてしまったり、複雑な思いや気持ちを抱えながら生活しているものですよね。日頃はそのことを隠そうと表情は笑顔でも、きっと本当の意味では笑っていないはずです。場合によっては、後悔や自責の念で自分はこのまま生きていてもよいのかというところまで、自分を追い詰めてしまうこともあるでしょう。

そんな姿こそ「悪人」です。自分の「闇」を受け止め、そして悩みを抱えながらも懸命に生きる人こそを救うのが、阿弥陀如来という仏であるという教えが「悪人正機」の思想なのです。

私に相談された方の一人はこの教えによって、過去の後悔を背負いながらも、償いや恩返しはこれからの生活を通してできるという活力をもらったと仰いました。

実際、この方は亡きお母さまがご存命だった頃、認知症だったお母さまの長年の在宅介護のストレスから何度も手をあげ、罵声《ばせい》を浴びせてしまったそうです。お母さまが亡くなられたとき、生じた感情は悲しみではなく「これで楽になる」という安心感だったそうです。

しかし、葬儀を終えて間もなく、日に日に自分が許せなくなり、寝ても覚めてもお母さまへの言動の後悔と自責の念で不眠症になり、それから長年体調を崩されていたようです。

しかし、「悪人正機」の教えを通して、今をしっかり生きていくことが償いであり、本当の意味での親孝行であると気が付かれたそうです。

どんな自分であっても、それをきちんとわかってくれる存在や、心の拠りどころとなるものは必ずあるのだということを胸に、過ごされてみてください。

きっと今後の生活の安心を得ることにもつながっていくことでしょう。

「人生の目的」を見失ったときは、「生かされている」と意識してみる

人生の目的とは何か……

滅多に他言しないことの一つに「人生の目的」というものがあると思います。誰もが胸の内にしまい込んでいるものですよね。

人はそれぞれ何か目標や指針を持ち、それに向かって生活を営んでいます。しかし、何かの拍子にそれらが消えてしまったり、疑問をいだくようなとき、その不安は言葉では表現できないものでしょう。

なぜならば、それは行き先となる目標が消えてしまったり、自分のこれまでの歩みが正しかったのか自問自答することになるわけですから、その不安は恐怖にも近いものかもしれません。


このような状態になってしまう理由の一つとして、これまで極力考えることを避けてきた自分の人生の終着点が頭をよぎってしまうことがありませんか。

つまり、「死」という問題です。これが一気に自分に突きつけられるように感じてしまい、不安が募ってしまうのではないでしょうか。


私のもとに相談にお越しになる方の中には、定年を迎えたあたりから周りの同級生や親しい方が次々と亡くなり、次は自分の番だと思うようになり、「死」が怖くて眠れないとおっしゃる方が少なくありません。

そして、横になっても眠れず恐怖に怯える中で、自分の人生を振り返り、余生をどのようにして生きていけばよいのかわからなくなり、余計に眠れなくなると嘆かれます。

「人生の目的」がわからなくなるとき、それはわからなくなったこと自体よりも、不安の気持ちの方が大きいと言えるでしょう。

そんな不安を少しでも緩和し、安心できる考え方があるので、参考にしていただければと思います。

楽になる考え方

新たな自分と生き方を探す入口にする

何のために生きているのかわからなくなったとき、まずはその理由を考えてみます。理由は無数にあると思いますが、どんな理由であれ、突き詰めてみると原因は一つに絞られてくるのではないでしょうか。それは「自分に自信を失った」ということです。

何事においても自信を失ってしまうと、自分がわからなくなってしまい、混乱してしまいますよね。この状態が生きる指針を失ったことの背景にもあるのではないでしょうか。

できることならばこのような状態になることは避けたいと思いますが、とらえ方によっては、この状態を「新たな生き方を探すことができるご縁」として考えることもできます。

その理由を説明します。これまでの生活を振り返ると、漠然としていても何かしら生きがいや生きる目的を持っておられたはずです。

しかし、正直なところ、それは世間体や暗黙の了解で決められた社会的な基準を気にしてきたという側面もあるのではないでしょうか。

もちろんこれは決して悪いことではありません。その基準があるからこそ懸命に生きてこられた事実もあるはずです。

しかし、その生き方は本当に自分の本心であったか、心を落ち着かせて自分自身に問いかけてみてください。きっとこれは怖いことですよね。

私はこの問いがとても怖いです。正直に言うと、懸命に生きているつもりですが、心のどこかに「本当にこれでいいのか？」という生き方の疑問を抱えることもあります。しかし、目を背けて生活しています。

どうでしょうか？　自分の生き方に何か疑問を持って過ごしてきたことに思い当たる節はありませんか。

もしかしたら、そんなことを考える余裕もなく懸命に過ごしてきた方もおられるかもしれません。しかし、改めて自分の人生の目的を問うと、自信が少しぐらついてきませんか。

これが本当のことなのではないでしょうか。しかし、それでいいのだと思います。

そして、このことを気に病む必要はありません。

なぜならば、自分の自信を失うことは、確かにこれまでの自分自身の考え方や生き方に疑問を抱く暗い面もありますが、同時に自分の想像や価値観を超えた新たな自分を発見していくことができる明るい面もあるからです。

周りと比較せず、自分の納得のいく独自の新しい生き方の模索と言い換えることができると思います。この明るい部分に意識を向けていくことが、「人生の目的」がわからなくなる不安から解消されていくことの鍵となるはずです。

生かされる中で生きていく

しかし、頭ではわかっていても、新しい生き方を模索することは体力も必要になりますし、なによりもこれまで自分が築きあげてきた生き方をそう簡単には手放せず、かなり難しいことです。
生きる指針を失ったときの不安の中には、これまでの人生の自負から生まれる葛藤も含まれているはずです。人生経験を多く重ねていれば、この抵抗感はなおさら大きなものでしょう。

そんな恐怖や抵抗感に寄り添い、新しい自分を模索することを後押ししてくれる詩があるので紹介します。

『わたしと小鳥とすずと』

わたしが両手をひろげても、
お空はちっともとべないが、
とべる小鳥はわたしのように、

地面《じべた》を速くは走れない。

わたしがからだをゆすっても、
きれいな音はでないけど、
あの鳴るすずはわたしのように
たくさんなうたは知らないよ。

すずと、小鳥と、それからわたし、
みんなちがって、みんないい。

『金子みすゞ童謡集　わたしと小鳥とすずと』（ＪＵＬＡ出版局）

これは、金子みすゞさんという方の詩です。この方の詩の特徴は、優しい言葉の中に仏教の教えが蓄含されているところにあります。

この詩の背景には『仏説阿弥陀経《ぶっせつあみだきょう》』という経典に説かれる教えがあります。その教えとは、「青色青光《しょうしきしょうこう》　黄色黄光《おうしきおうこう》　赤色赤光《しゃくしきしゃこう》　白色白光《びゃくしきびゃっこう》」という経典の一節です。これは阿弥陀如来という仏が住む極楽（西方）浄土という世界に咲く蓮《はす》の花の様子を描写しています。

「青色の花は青の光、黄色の花は黄の光、赤色の花は赤の光、白色の花は白い光を発している」ことを語っているのですが、何を意味しているのかというと、人はそれぞれの色という名の性格や特徴を持ち合わせており、それが光り輝いているということです。

これが本来の人のあるべき姿であり、誰もが自分らしく生きることこそが、人の本当の喜びであることを説いているのです。

仏教では自己究明に幸せや喜びを見出していきます。このような喜びを感じていくことこそが、新しい自分の模索につながっていくはずです。

人は誰しも自分の意思で生まれることはありません。よくも悪くも不思議な縁と縁のつながりによって生まれます。

つまり、何一つとして自分の思い通りにならない状態から始まった「いのち」です。このような状況下、「人生の目的」を見つけるのは、実は非常に困難なことなのです。

しかし、「生きる意味」ならば自分の意思や行動で見出すこともできるのではないでしょうか。その一歩として、自分の「いのち」を不思議なご縁を通して「いただいたもの」として受け止め、感謝するように心掛けることが大切です。

つまり、「生きている」のではなく、さまざまな支えの中で「生かされている」ということを意識していくのです。

そもそも「人生の目的」は誰もがわかるものではありません。ひょっとしたらわからないまま人生を終えることもあります。それはそれでいいのです。

一番大切なことは、今自分が置かれている状況下で、自分らしく懸命に生きていくことです。そうすることで生きる喜びが生まれ、不安も緩和されていくのではないでしょうか。

そして、いつかそれが「人生の目的」と呼べるものにもつながっていくのだと思います。

繰り返します。何のために生きているのかわからなくなったとき、自分は「生きている」のではなく、「生かされている」ことを意識することから始めてみてください。

きっとこれからの生活も前向きに過ごしていけるようになるはずです。

第4章

自分の中に「迷い」が生じたとき

できなくなったことを嘆くより、新たな「幸せ」を大切にする

今までできたことができなくなってきた

これまで当たり前のようにできていたことが、少しずつできなくなってきた、あるいは急にできなくなってしまったということで、気持ちが沈んでいる方は、少なくないと思います。

以前と比べて「力仕事ができなくなった」「長い距離を歩けなくなった」「夜遅く

まで起きられなくなった」「物覚えが悪くなった」など、できなくなったことの事例は、挙げはじめたらきりがないことでしょう。

この現実に、悲しさや寂しさを感じてしまうことは仕方のないことです。

なぜならば、これらの事象はできることならば目を背けたい「老い」というものを目の当たりにすることを意味するからです。

その結果、「年齢」「この先のこと」を意識してしまい、「人生の終わり」を感じ、暗い気持ちになってしまう方も多いのではないでしょうか。

私のお寺によくお参りになられる方の中には、「もう先が短い」というようなことを口にされる方がおられます。その理由を聞いてみると、皆さん口を揃えて年々、以前のように物事ができなくなっていくことに、気持ちが後ろ向きになっていると仰います。

確かに、今までできていたことができなくなることは、本人しかわからない悲しい現実だと思います。しかし、否定的な要素がすべてかと言うと、そうとは限らないのではないでしょうか。

この現実を前向きに受け止める考え方があるので、ご紹介したいと思います。

楽になる考え方

間接的な方法を考えていく

今までできたことができなくなったとき、一番楽な考え方は「それはもう自分にとって必要ではなくなった」「不要なものが淘汰された」と割り切って受け止めることでしょう。

できなくなってしまったことに執着したり、どうにかして失われた能力を取り戻そうと必死になることは、火に油を注ぐようなものですよね。

かえって悩みは大きくなり、疲れてしまいます。

もちろん、できることを維持していく努力はとても大切なことです。しかし、一度失ってしまった能力を取り戻すことは、並大抵なことではありませんよね。


私も最近になって、少しずつ体力の衰えを感じるようになりました。実は十代、二十代はよくサッカーをし、得意なスポーツとしていました。

ある日、娘と遊んでいるときにカッコ良いところを見せようとリフティングをしてみました。これは手以外を使いボールを地面に付けないように何度も蹴り続けるテクニックなのですが、以前はあれだけ自由自在にボールを操れたのに、もはや全くできないのです。届くと思った足がボールに届かなかったり、変な場所にボールが飛んでいったり、何度やっても上手くいきません。

まさかの自分のカッコ悪い姿に、悲しさや苛立ちを覚えました。

私の事例などたわいもないことかもしれませんが、できていたことができなくなったことの裏側にあるものは、どんな事例にも共通するものだと思います。それは「こんなはずじゃない」「自分はできるはず」という執着心です。

この執着心を手放すことが最も身体的に負担の少ない気持ちの整理の仕方だと思います。しかし、そうは言っても嫌な現実を簡単に受け止めることはできないから辛いのですよね。

そんなとき、この複雑な気持ちを和らげるのに役立つ考え方があります。

それは、身体的な変化が生じ以前と同じ様には物事ができないとしても、別の方法で物事ができるように工夫することです。

つまり、直接的ではなく間接的に物事を上手く運ぶ方法を探していくのです。

このような考え方を取り入れていくと、少し肩の力が抜けませんか？　そして、何度か試行錯誤を繰り返すことになると思いますが、徐々に受け入れがたい現実への抵抗も少なくなってくるのではないでしょうか。

そして執着心を手放すことにつながる考え方がもう一つあります。それは、逆に「今までできなかったことが、できるようになったことがあるのではないか」と考えていくことです。

変化の流れというのは、何も失っていくことだけを意味するものではありませんよね。その流れの中で、以前にはなかった能力が身に付くこともあるのではないでしょうか。

これは、身体的なことだけに限りません。以前ではできなかった物事の考え方、受け取り方なども含まれます。

たとえば、これまで嫌悪感を抱いていた物事を好意的に思うようになったり、嫌いだった食べ物を食べられるようになったり。または、面白くないと思っていたことが面白くなったり。

このように、変化の流れは否定的なことだけではないのではないでしょうか。

そのときはそのときの「過ごし方」がある

私がここまで紹介した、すべての考え方を支える「仏教の教え」があるので、ここで紹介します。それは、「少欲知足《しょうよくちそく》」です。

これは、「欲を少なくして足《た》るを知る」と書き下し、生きるうえでは、すでにさまざまなものが十分与えられているということに気付き、その中で満足しながら生活していくことを促す教えです。

別の言い方をするならば、自分の「外側」に幸せを見つけようとするのではなく、できるかぎり「内側」に幸せを求めていく生き方です。

「外側」に幸せを求めると、「あれが欲しい」「あのようになりたい」「ああしたい」というように、次から次へと欲望が膨らみ、きりがありませんよね。

そうではなく、たとえできなくなってしまったことがあったとしても、別の方法やまだできること、これから新たにできるようになることもあります。

今の自分の姿を正しくとらえ、その中に幸せを見つけながら過ごしていくことが、「内側」に幸せを求めていく「少欲知足」という教えの言わんとすることなのです。

しかし、「少欲知足」を知ったとしても、この考え方をどのように実生活の中で実践していけばよいのか、その入口や切り口がわからないという方も多いと思います。

そういう私自身も、以前は「少欲知足」を意識すると、どうも物事を難しく考えてしまい、「外側」に幸せを求めてはいけないと思ってしまったり、生活に窮屈さを感じていました。

しかし、「少欲知足」の教えを無理なく受け止める考え方を知りました。

それは「置かれた場所で咲きなさい」という考え方です。これは、キリスト教カトリック修道女として知られた渡辺和子さんの著書のタイトルとしても有名です。

渡辺さんは、著書の中で「置かれたところこそが、今の居場所。咲けないときは、根を下へ下へと降ろしましょう」ということを言っておられます。

これはまさに、「少欲知足」に通じる考え方だと私は思うのです。

この「置かれた場所で咲く」という考え方によって、私は無理なく「内側」にも「外側」にも幸せを求めるバランスが取れるようになりました。

人というのは、どうしてもない物ねだりをしてしまい、視線を周囲や遠くへ向けてしまうものです。これはある面では生きる活力になり大事なことですが、あまりに執着し過ぎると、思い通りにならない不満の気持ちが募り、悩みは繰り返されるばかりです。

このような悩みを断ち切るには視線を「外側」ではなく自分自身という「内側」に少しずつ向け直していく姿勢が大切です。

これは言い換えれば、自分自身の置かれている足元を冷静に確認しながら解体していく作業です。これが「根を下へ下へと降ろす」ことです。

そして最終的に行き着くのが、自分が生きていること自体が「有り難い」こと「稀有なこと」であるという「気付き」になるのではないでしょうか。

ここまで掘り下げないとしても、どのような状況でも、そのときにしかできないことがあると思います。

今、置かれた状況を楽しむことを心掛けていけば、自ずと今までできたことができなくなった不安や悩みも薄れ、前向きな気持ちも生まれてくるはずです。

先々のことが心配で胸がザワつくときの、心の落ち着け方

胸がザワザワする

ふと今後のことを考えたとき、何かよからぬことが起きそうな予感がしたり、先の見えない不安や心配が募り、平常心ではいられなくなってしまうことはないでしょうか。

そんなときは胸がザワザワして、なんとも表現し難い気持ちになってしまいますよね。

このような気持ちになるのがたまにあるくらいならばよいのですが、あまりに頻繁に続くと、気疲れしたり、何も手につかなくなったり、寝不足になったり、さまざまな面で生活に支障をきたしてしまうのではないでしょうか。

このような胸のザワつきで悩む方は少なくないようです。実際、私は法事などでお参り先の家を訪問し、仏事が終わってお茶をいただいていると、そっと相談を受けることがあります。

だいたいの方は胸に手を当てさすりながら、「どうも胸がザワザワして困っている」と打ち明けられます。何をするにもザワつきが気になって集中できなかったり、熟睡できないなど、どうすればよいかと尋ねられます。

理由を聞いてみると、これだという明確なものはないようなのです。しかし、気になることはあるようですが、それが一つではなく、複数あったり、感覚的なもので漠然としており、本人もよくわからないと首を傾げながら仰います。

このような状況から早く抜け出したいけれど、そう簡単にはいかず悩まれている方に、少し気持ちに落ち着きを持っていただける考え方を紹介したいと思います。

楽になる考え方

突き放すのではなく、上手く付き合う

最初に大切になるのが「発想の転換」です。心配や不安の渦《うず》から抜け出せないなら、無理に抜け出そうとはせず、これを上手く利用する手立てを考えるように意識してみるのです。

どういうことかと言うと、先のことについて不安を感じ心配するということは、

石橋を叩いて渡るということに言い換えることができます。

するとと、たとえば、胸のザワつきを利用して、普段は周りや遠くへ向けがちな視線を、自分自身の足元に向け直し、日頃おざなりにしがちな日常生活の習慣などを一つひとつ確認し、見直す機会にしてみるのです。

不安や心配な状況では難しいことかもしれませんが、まずは自分の足元を見直すことで、少なからず心のザワつきはおさまるはずです。


不安や心配の多い人は、物事を深く考え、慎重に物事を進めることのできる能力の持ち主だと思います。きっと周りの方と比べると大きな失敗やショックは少ないのではないでしょうか。

これまでの経験で培われた感覚が、無意識にさまざまな憶測を生み出し、慎重な判断を促しているのでしょう。これは「年の功」とも言えます。

この利点を利用しない手はありません。

嫌だなと思う身体や心の状態を突き放すのではなく、上手く付き合っていくように考えてあげると、少なからず心持ちも変わってくるはずです。

しかし、それでもやはり先のことを考えてしまい、不安や心配から抜け出せないということもあるでしょう。その場合、あることをおすすめします。

それは、そもそも胸のザワつきを生んでいる心配事が何なのか明確にすることです。

先のことを心配する内容は人それぞれですよね。人によっては、明確にできない場合もあるでしょう。しかし、一つだけ言えることがあります。それは、どんな心配であっても、それはきりがなく、どうやっても解決できないものだということです。

先や答えを明確に見出すことのできない問題だからこそ、不安や心配で頭が混乱し、胸がザワザワし続けるのです。

冷静になって考えると、どうにもならないことをどうこうしようと考えても、混乱してしまうだけですよね。

このことが確認できたら、今度は先の心配について考えることを一時的にやめるように意識してみてください。どうにもならないものだと割り切って、無理矢理にでも先のことを考えることをやめてみるのです。

しかし、そう簡単にはできないことですよね。そんなときの心持ちに役立つ詩をご紹介します。

今の自分が「丁度よい」と受け止める

「仏様のことば（丁度よい）」

お前はお前で丁度よい

顔も身体も名前も姓も
お前にそれは丁度よい

貧も富も親も子も
息子の嫁もその孫も
それはお前に丁度よい

幸も不幸も喜びも
悲しみさえも丁度よい

歩いたお前の人生は
悪くもなければよくもない
お前にとって丁度よい

地獄へ行こうと極楽へ行こうと
行ったところが丁度よい

うぬぼれる要もなく　卑下する要もない
上もなければ下もない
死ぬ月日さえも丁度よい

仏様と二人連れの人生　丁度よくないはずがない
丁度よいのだと聞こえた時　憶念の信が生まれます

南無阿弥陀仏

これは、石川県にある真宗大谷派常讃寺の坊守である藤場美津路さんという方がつくられた詩です。人生は凸凹道です。生きていれば、よいこともあれば悪いこともあります。そして、物事もどうにかなることもあれば、どうにもならないこともあります。

しかし、よく考えてみると、ほとんどの物事は自分の力ではどうにもならないことばかりです。物事は、なるようにしかならないのです。

しかし、そうわかっていても、人はちょっとしたことで自分と周囲を比較しては、不満を感じ思い悩んでしまう。一見幸せそうに見える人でも、同じように不満を感じているものですが、そうは思えないと錯覚してしまう方が多いと思います。

実際は、誰もが周りに気付かれないように上手に隠しているだけで、蓋を開ければ誰でも同じように悩み、苦しんでいることがあるのです。

だからこそ、気にしたり考え出したらきりがない物事や、先のことは放っておいてもよいのです。それよりも、これまでのさまざまな経験を経て辿り着いた「今の自分」の姿はかけがえのないものであり、自分の置かれた今の状況は「丁度よい」

のだと受け止めて生活することが、人が本当に幸せに生きていく方法であると説いているのがこの詩です。

先のことばかりを考え過ぎるのではなく、今の自分や生活に幸せを見つける方向に物事を考えていくことの方が、今後の生活を気持ちよく過ごすためには大切なのではないでしょうか。

このような気持ちの切り替えを少しでもしていかなければ、今後もずっと不安と心配を持ち続けながら生活をしていくことになってしまいます。

不安と心配の渦から抜け出すためには、それらを上手く利用していくという方法もありますが、最終的には、心から今の自分を「丁度よい」と受け止めていくことが最も大事であることを忘れないようにしてみてください。

このような心持ちでいると、胸のザワつきも自然と薄れていくのではないでしょうか。

本当の「幸せ」とは、人生のプロセスで変化するものだと知る

「幸せ」の解釈は人それぞれ

子育てや仕事など、これまで必死にやってきたことがある程度落ち着き、自分の手から離れたとき、ふと自分の過去を振り返ることはありませんか。

そのときに感じることや考えることは人それぞれだと思いますが、それらを突き詰めてみると自分にとっての「幸せ」が何だったのかということに行き着くのではないでしょうか。

たいていの場合は、自分の思い描く理想と現実を照らし合わせながら、改めて「幸せ」とは何なのかと自問自答することが多いと思います。

人によっては、理想と現実の差があまりに大きく、落ち込んでしまう方もおられるのではないでしょうか。

また、自然災害や事件などに巻き込まれ、全く予期せぬことが起こり、これまで信じていたことが崩れ、一体「幸せ」が何なのかわからなくなってしまい困惑している方もおられると思います。

「幸せ」という言葉は口にするのは簡単ですが、この言葉ほど解釈が難しい問いはありません。「幸せ」を辞書で調べると「心が満ち足りていること」として説明があります。しかし、それがどういうことなのか、自分の言葉で説明するのは難しいことです。

私にも自分なりの「幸せ」の定義はありますが、これまでの凸凹道の人生の中で、ことあるごとに「幸せ」の考え方は変わってきましたし、今後も変わっていくと思います。

その意味ではとても曖昧ですが、幸せの定義は変化していくものだと思います。

しかし、仏教の立場から考える「幸せ」を参考にすると、不思議と気持ちが落ち着きます。そこで、事情は人それぞれとして、自分にとっての「幸せ」が疑わしく、不安を感じている方に、落ち着きを取り戻すことに役立つ考え方を紹介したいと思います。

楽になる考え方

これからの人生の指針を考える機会

「幸せ」がわからなくなったときの心情は、おそらく落ち込んでいるときの方が多いですよね。できれば避けたい状況でしょう。

しかし、先に結論を伝えると、この時間は自分自身を見つめ直し、これからの人生の指針を考えるのに、またとない貴重な機会にできます。

このように受け止めるために、次のような考え方をしてみてください。

これまで漠然としていたとしても自分なりの「幸せ」の定義を持ち、それに向かって生活してきたことだと思います。その過程では、忙しく動き回り、言葉では表現できないほどの苦労もあったことでしょう。

このようにして日々を過ごし、追い求めてきた「幸せ」がわからなくなったということは、それはこれまでの自分の生き方を「疑う」ことでもあります。

一生懸命に築いてきた自分の基盤を崩すことになるので、不安になるのも当然です。しかし、だからこそ、この機会が大切なのです。

人は物事を深く考えるときには、そのための時間と場所が必要ですよね。忙しく、ガヤガヤした場所では集中することができません。しかし、もう一つ必要不可欠なものがあります。それは、「心情」です。

不安や危機感のような「心情」がなければ、真剣に物事を考えることはないのではないでしょうか。

たとえば、大きな病気をして不安や恐怖を感じ、初めて自分の健康と向き合うようなことはありませんか。

同じように、自分の「幸せ」を考え直すことは、これまでの自分の価値観を崩すことにもつながり、そのときの「心情」は複雑なものでしょう。

しかし、だからこそ今後の人生の指針に関わる大事なことを、真剣に考える機会とも言えるのではないでしょうか。

ここで、これまでの人生を振り返り、「幸せ」の感じ方を思い出してみてください。おそらく年齢やそのときどきで違っていたのではないですか。私も昔と今とではまったく「幸せ」の感じ方は異なります。

しかし、長年の人生経験を重ねたうえで「幸せ」を考え直すことは、これまでとはまた別次元の意味を持つはずです。

これは一回り大きな人間へ進化する段階と考えられると思います。

昔と今では、課せられる責任や考え方も異なるはずです。このような今の自分を取りまく条件と状態で「幸せ」を考え直すことは、今後の人生の重要な指針を構築することになるはずです。

本当の「幸せ」を考える

こうした考え方は「時機相応」という仏教の教えに由来しています。

この言葉の「時」は文字通り時間や時期を意味します。そして、「機」は仏教において人間としてとらえます。

つまり、ある教えが意味あるものとして力を発揮する時期（時）と、その教えを受けとる人間（機）がふさわしい状態を「時機相応」といいます。

言い換えるならば、時期と人間がともに合致しなければ教えは伝わらないのです。

この観点から考えても、これまでの「幸せ」について不安や疑問を感じる状態というのは、まさに今後の過ごし方を考えるのに、「ときが熟した状態」と言えます。

では、実際にどのようにこの「ときが熟した状態」の時間を使うかというと、それはまずこれまで「幸せ」だと思っていたことを振り返ることから始めてみてください。

人の数だけ異なる「幸せ」の感じ方があると思いますが、おそらく七欲（食欲、金銭欲、物欲、色欲、権力欲、名誉欲、睡眠欲）に関係することに集約されてくるのではないでしょうか。

もちろん、これらは全く否定すべきことではありません。生きていくうえで人間に必要不可欠な「活力」ですよね。

しかし、ここで一つ考えることがあります。それは、本当にそれらが「幸せ」だったのか問うことです。七欲に対する「幸せ」は、物事を自分の思い通りにしたいという「欲求」であり、実は本当の「幸せ」とは別のものだったと考えられないでしょうか。

きっと追い求めればきりがなく、またすぐに消えてしまうものが多かったはずです。その意味では、「儚《はかな》い幸せ」とも言えませんか？

それでは「儚い幸せ」ではない「消えない幸せ」とは一体何かということになります。これが仏教から考える「幸せ」です。そして、これを見つけていくのがこれからの過ごし方なのではないでしょうか。

これは「心情」「年齢」「人生経験」等の諸条件が揃っている今だからこそできる

ことです。むしろ、これからが本番なのです。

人間ですから、自分にとっての「幸せ」がわからなくなってもよいのです。これが、「消えない幸せ」を探す出発点です。

最初の一歩として、「幸せ」を自分の内側に見つけるように心掛け、自分が生きていくうえで何が本当に必要なのか考えてみてはいかがでしょうか。

きっと新しい人生の指針につながっていくことでしょう。

自分の嫌な部分は、実は自分にとって大切な「個性」だと考える

自分の嫌な部分

誰しも自分の中に、「好きになれない部分」が一つや二つありますよね。たとえば、素直になれない性格、短気な性格、おっちょこちょいな性格、気の弱さ、悲観的な考え方、プライドが高い、すぐに人を妬んでしまうなど、人それぞれあるはずです。人によっては、容姿に関係することもあるでしょう。

しかし、だからと言って常に思い悩むようなことはあまりないと思います。長年付き合ってきたものですから、おそらくあきらめるなり、上手に受け止めるなりして生活されていることでしょう。

ところが、ふとしたときや何かのきっかけで、そのような自分の嫌な部分を思い出したり、直したいと思うことはありませんか？

普段はあまり気にしないようにしている分、改めて向き合ってみると、きっと重い気持ちになって、落ち込んでしまうようなこともあるのではないでしょうか。

きっと今さら自分の嫌な部分を直す方法がわからず、もどかしく思っている方も少なくないのではないでしょうか。そのような方の気持ちを落ち着かせることに役立つ考え方があります。

楽になる考え方

自分の嫌な部分は個性に必要不可欠

そもそも自分の嫌な部分を直したいと思うことは、自然なことですよね。過去に何度同じことを思ってきたかを思い出してみてください。おそらく幾度となく自分の嫌な部分を直したいと思っては、我慢したり、何かしらの対策を試みてきたはずです。

しかし、なかなか思い通りにいかず、気が付けば忘れてしまう。この繰り返しをしてきたはずです。

この状況に対して、自分の不甲斐なさに落ち込んでしまう方もおられるかもしれませんが、その必要はありません。なぜならば、長年にわたって直そうと思ってもいまだに変わらず残っているということは、それは自分が「今の自分」であるために必要な「個性」だと考えられるからです。

考え方としては、自分の嫌な部分を嫌なものとして除外しようとするのではなく、自分の一部として容認することです。つまり、嫌な部分がなければ今の自分は存在しないと考えるのです。

また、発想を転換すると、自分に嫌な部分があるのであれば、自分の好きな部分もありますよね。これは嫌いな部分があるからこそ把握できることではないでしょうか。

このように考えると、好きな部分も嫌いな部分も両方あってこその今の自分であると容認することができませんか?

逆に、自分には好きな部分しかないと、すべてを肯定できる人はそうはいないですよね。みんな言わないだけで、誰もが少なからず自分の中に嫌だと思っている部分はあるはずです。それこそが人の個性を引き立たせているのです。

自分の嫌な部分は、自分にとって必要不可欠なものとして考えるようにしてみると、これまでの否定的にとらえてきた気持ちが少し変わってくるのではないでしょうか。

無理に自分の嫌な部分を直そうと思ったり、直らないことで自分を責める必要はないことを、是非とも心に留めるようにしてください。

自分を包括的に見る

もう一つ、別の観点から考えてみます。

それは、自分の嫌な部分のおかげで得をしたことはないかと考えるという、普通とは逆の発想です。一般的には、自分の嫌な部分は否定的なものとしてとらえるので、悪い影響の場面にしか意識が向かないものですよね。しかし、よく思い返してみると、よい影響もあるはずです。
嫌な部分を単に嫌なものとして否定的に認識するのではなく、自分をよくも悪くも支えてくれている相棒のように受けとめることもできるのではないでしょうか。

しかし、そうは言っても自分の嫌な部分を好意的に受け止めるというのは難しいことだと思います。そこで、このような抵抗する気持ちを和らげることに役立つ仏教の教えを紹介します。それは「諸法無我《しょほうむが》」という教えです。

「諸法無我」とは、仏教を特徴づける重要な教えの一つです。これは「さまざまなものごと（諸法）は、何一つとして独立して存在していない（無我）」と読み解き、すべてのものはつながっているということを意味します。

たとえば、自分という存在も、人生経験、周りの人々からの影響、摂取してきた食べ物からの栄養など、さまざまな要素によって形成されているものですよね。

大切なことは、これらの中にはよくも悪くも自分の嫌な部分も含まれているのを忘れないことです。つまり、嫌だと思っている部分がなければ「自分というもの自体が存在しない」ことになるのです。

このような考えを持ってみると、嫌な部分を自分から切り離すというよりは、それはそれとして自分の一部分として認めてあげようという気持ちも育まれてくるのではないでしょうか。これが自分の嫌いな部分に対する発想の転換の鍵になります。

そして、究極的なことを言えば、そもそも自分の中に嫌な部分も好きな部分もないのではないでしょうか。自分の好きな部分も嫌いな部分も、常にどちらかに決まっているのではなく、時や場所、都合によってよいものにも悪いものにも変わってしまう、不確かなものなのだと思います。

おそらく、これまで自分の嫌いな部分が偶然にも悪いことにつながり、意識がそっちにしか向いていなかったのではないでしょうか。きっと、気が付かないだけで、恩恵にもあずかっていたこともあったはずです。

全てをひっくるめて、自分であるという「包括的な視野」を持つように心掛けると、自分自身に対する気持ちが楽になっていくはずです。

こう考えられるようになれば、きっとこれからの生活をより楽しく過ごしていくことにもつながっていくことでしょう。

人を想う気持ちは、離れてこそよくわかるもの

遠くにいる人のことが心配になる

遠くにいる親、子ども、親族、愛する人。ふと離れて暮らす人のことを想い、恋しくなったり、心配になったりするようなことはないでしょうか。

核家族化や社会的孤立の進む現代社会において、このような感情を持つ方は多いはずです。人を想う優しい気持ちというのは、とても大切なことです。

しかし、遠方にいる人への気持ちがあまりに強すぎて、その気持ちに自分が振り回されてしまっているということはありませんか？

例えば、余計な心配は無用だとわかっていても、いてもたってもいられなくなり東奔西走し、ついおせっかいをやいてしまう。

その結果、自分の生活が崩れてしまい、精神的にも体力的にも疲れてしまうことなどないでしょうか。

私の周りにもそのような方々がおられます。端から見ていてやりすぎではないかなと思うほどお世話をされ、自分のことはそっちのけで忙しくされている方もおられます。

それだけその人のことを大切に想っている証拠ではありますが、やはり疲弊されるのでしょうね。度々体調を崩されています。

このような方々にお話を聞くと、共通して言われるのが、心配が尽きず、その心配をかき消すために行動しているということです。

しかし、心のどこかでは、このような状態から抜け出したいと願っているそうです。

ここでは、このような状況の気持ちを少しでも落ち着かせることのできる考え方を紹介したいと思います。

楽になる考え方

離れているからこその気持ち

まず、遠くの人のことを想う気持ちは、一体何なのか考えてみます。

結論を先に言うと、それは遠くに離れているからこそ認識できる「本来の気持ち」です。

大切な人がすぐ近くにいる場合、優しい気持ちを素直に伝えることはなかなか難しいことですよね。近くにいると、それが当たり前になりますし、どうしてもその人の見たくない面が目に入ってきたり、気にしなくてよいことを気にしてしまったり、そんなつもりはなくても口論やケンカに発展してしまうことに心当たりのある方は多いのではないでしょうか。もちろん、恥ずかしさもあると思います。

一方、大切な人が遠方にいる場合、人の余計なものを見ることも気にすることもありません。その結果、純粋に人を大切にしたいと思う気持ちだけが生まれてくるのではないでしょうか。

実は、これはその人に対する「本来の気持ち」です。しかし、近くにいるとさまざまなものに妨害されてしまい、それらによって「本来の気持ち」が覆い隠され、なかなか素直に気持ちを表現することができなくなってしまうのではないでしょうか。

現在、私は主に関東で生活し、実家のある山口県の両親とは遠く離れて生活しています。しかし、お寺の仕事の都合で、月に一度は帰省しています。帰省するのはだいたい長くて三日です。父とは仲がよく、帰省した際は必ず一緒に晩酌をしながら、いろいろと話をします。

しかし、母が言うには、日頃離れているからこその良好な関係だそうです。確かに、三日以上帰省することがあると話すこともなくなり、お互い口数が減り、少し不穏な空気が流れてきます。やはり、何かと気になることが出てきたり、煙《けむ》たく感じてしまうこともあります。

「本来の気持ち」は「近すぎると見えない」のかもしれませんね。いい例が、手の平のシワです。

右手でも左手でも構いませんので、手の平をひろげて鼻にくっつくまで近づけてください。その状態では誰も手の平のシワはぼやけてしまい、はっきり見ることはできないと思いますが、手の平を顔からある程度離すと鮮明に見えてくると思います。

「本来の気持ち」は、まさのこの手の平のシワの例と同じです。本来持っている気持ちは、その人が近くにいるとどうしても表現しづらくなってしまうのではないでしょうか。

遠くにいる人を想うということは、優しい「本来の気持ち」を取り戻している大切な時間なのです。自分には本来このような温かい気持ちがあることを受け止め、これまでと同じくその気持ちを大切にするように心掛けてください。

手放す勇気

しかし、この遠くの人を想う気持ちを脅迫観念のように感じ、のみ込まれてしまうと困ったことになります。

人を想う気持ちを自分の中で整理し上手く付き合うことができれば問題はありませんが、何かしなければならないというような義務感や責任感を強く持ち、その気持ちを行動に移してしまうと、自分を追い詰めてしまうことになります。

離れていると、できることには限界がありますよね。しかし、そのことに対して責任を感じて無理をしたり、後悔の念に駆られたりしていては、心身ともに疲れ果ててしまいます。

このようなときの、気持ちの焦りを落ち着かせるのに役立つ教えがあります。

それが「放てば手にみてり」（原文「はなてばてにみてり」）という仏教の教えです。これは曹洞宗の宗祖である道元禅師が著された『正法眼蔵』第一巻「弁道話《べんどうわ》」という経典にある一文です。

「こうでなければならない」「こうしたい」などの必要以上に強い執着心を手放してこそ、本当に大切なものが手に入るという意味です。

これは、物事を「あきらめる」ことではありません。イメージとしては、固く握っていた拳の力を抜いて、手の平を広げてあげる感じです。

人を想い、あれこれ心配しだすときりがないはずです。心配するにしても、自分のできる範囲を少し背伸びした程度まで行動し、そのあとは心配する気持ちを手放す勇気も必要になるのではないでしょうか。

さもなければ、自分自身の体調や生活が崩れてしまい、気が付けば人を想う気持ちを持つ余裕さえなくなってしまいます。

実際、私の知っている方は、あまりに遠くにいる人を心配し、何かと奔走するあまり、気が付けば優しい気持ちは消えてしまい、苛立ちや怒りの気持ちを持つようになってしまいました。

そして、その人との関係が悪くなり、よく愚痴や悪口を言うようになられていました。このような状況を避けるためにも、ある程度のところで心配を手放す勇気は必要なのです。

この心配を手放す勇気を持つコツは、自分の心配が本当にその人のためになるのかを問うことです。つまり、あれこれ考えて心配することは、実は「自己満足」ではないのかと自己を問うことなのです。

心配が本当にその人のためなのか、自分の「自己満足」なのか判断する基準は、相手が今後、自分がいなくても自立していけるように導いていけるかどうかです。

別の言い方をすれば、自分の心配（心の負担）を減らしていく心配の仕方です。

これを少しずつ実践していければ、お互い気持ちよく生活できるのではないでしょうか。この双方円満の関係が「放てば手にみてり」の「手にみてり」です。

人はいずれ死を迎えますが、死後にまで生前の心配を持ち込むことはできません。それならば自分の納得いく方法で心配を減らしていくような行動を心掛けていくことが、今後の生活に求められるのではないでしょうか。

どうか、優しい気持ちを大切にしながらも、心配を手放し自分の生活も楽にしていくことも意識するようにしてみてください。

おわりに

十八歳で地元の山口県を離れ、アメリカ留学を経て帰国。それからはや十数年間、生活の拠点としている関東と、自坊のある山口県の往来を中心に、私は布教、仕事、講演等で全国各地を飛び回りながら生活してきました。

そんな中、いつも思うことがありました。それは行く先々で多くの方々と出会うご縁に恵まれるのですが、さまざまな質問や相談を受けても、時間の都合上、なかなか一人ひとりとゆっくりお話して、受け答えができないことでした。

さらに、ときとして自分よりも人生経験の深い方々に「生死《しょうじ》」についてお話することには不安もありました。

しかし、私の話をするのではなく仏教の教えを紹介し、少しでも気持ちを楽にしていただくことが私の役目だと割り切り、本書を通じてこれまでお話ができなかったことを伝えることにしました。

私も、妻子持ちのいい歳をとった一人の人間です。世の中、そう簡単に割り切れることばかりでなく、日々の生活ではドロドロしていることも経験しています。これは誰もが同じだと思いますが、人はそれでも生きていかなければなりません。

2020年12月で私の関東の生活は終わりです。2021年からは、自坊（お寺）のある山口県に腰を据えて生活していきます。

新たな地で、新しい一歩を踏み出す前に、一つの集大成として本書を形にできたことを心より嬉しく思います。

また、これまで支えてくださった有縁の方々に心よりお礼申し上げます。

今後もさらなる活動に精進していくことを誓い、本書を締めくくろうと思います。

2020年9月　合掌　大來尚順

【著者紹介】

大來 尚順（おおぎ しょうじゅん）

浄土真宗本願寺派　大見山　超勝寺　住職
著述家／翻訳家

1982年、山口市（徳地）生まれ。龍谷大学卒業後に渡米。
米国仏教大学院に進学し修士課程を修了。
その後、同国ハーバード大学神学部研究員を経て帰国。
僧侶として以外にも通訳や仏教関係の書物の翻訳も手掛け、
執筆・講演・メディアなどの活動の場を幅広く持つ。
2019年　龍谷大学 龍谷奨励賞を受賞。
著書は『訳せない日本語〜日本人の言葉と心〜』（アルファポリス）、
『超カンタン英語で仏教がよくわかる』（扶桑社）、
『カンタン英語で浄土真宗入門』（法藏館）など多数。

ホームページ：https://shojun-ogi.com/

この作品に対する皆様のご意見・ご感想をお待ちしております。
おハガキ・お手紙は以下の宛先にお送りください。

【宛先】
〒150-6008 東京都渋谷区恵比寿4-20-3 恵比寿ｶﾞｰﾃﾞﾝﾌﾟﾚｲｽﾀﾜｰ 8F
（株）アルファポリス　書籍感想係

メールフォームでのご意見・ご感想は右のＱＲコードから、
あるいは以下のワードで検索をかけてください。

アルファポリス　書籍の感想　検索

ご感想はこちらから

楽に生きる

大來尚順 著

2020年9月30日初版発行

編　集ー原　康明
編集長ー太田鉄平
発行者ー梶本雄介
発行所ー株式会社アルファポリス
〒150-6008 東京都渋谷区恵比寿4-20-3 恵比寿ｶﾞｰﾃﾞﾝﾌﾟﾚｲｽﾀﾜｰ8F
TEL 03-6277-1601（営業）03-6277-1602（編集）
URL https://www.alphapolis.co.jp/
発売元ー株式会社星雲社（共同出版社・流通責任出版社）
〒112-0005 東京都文京区水道1-3-30
TEL 03-3868-3275
装丁・中面デザインーansyyqdesign
印刷ー中央精版印刷株式会社

価格はカバーに表示されてあります。
落丁乱丁の場合はアルファポリスまでご連絡ください。
送料は小社負担でお取り替えします。

ISBN 978-4-434-27899-0 C0095